Käfer

Vegetarische Küche

Käfer

VEGETARISCHE KÜCHE

Fotos
Mathias Neubauer

teNeues

Inhaltsverzeichnis

Vorwort . . . 7
Kohlrabi-Tortellini mit Macadamianüssen und Mandelmilch . . . 10
Spargelcremesuppe mit Bärlauch-Grießnocken . . . 14
Verrücktes Huhn mit sechs Füllungen . . . 18
La Bilancia . . . 21
Kräuter-Spätzle-Topf mit Morcheln, Schalotten und Bergkäse . . . 24
Kokos-Curry-Suppe mit gebackenem Spargel, Limette und Sesam . . . 30
Marcus Lind . . . 33
Wiesenkräutersuppe mit Ziegenmilchschaum und Blüten-Frischkäse-Brot . . . 36
Louis Roederer . . . 39
Spargel »Primavera« mit Olivenöl, Zitronensaft und Parmesankäse . . . 42
Feiner Flammkuchen mit knusprigem Parmesan und Löwenzahn . . . 48
Zucchini-Kartoffel-Rösti mit Kichererbsencreme . . . 52
Gedämpfte Wan-Tan von Shiitake-Pilzen mit Daikon-Rettich und Nashi-Birne . . . 56
Gazpacho mit feinen Gemüsewürfeln, Gartenkresse und Grissini . . . 60
Risotto Milanese mit Spinat und Wachteleiern . . . 64
Tomatensalat mit Burrata, Schalotten und geröstetem Brot . . . 70

Gemüse-Millefeuille mit Schnittlauchfond und Rucolasalat 76
Marinierte Auberginen mit gelber Paprika, Granatapfel und Minzjoghurt 82
GEMÜSE VON DER REICHENAU 85
Couscousbällchen mit Wassermelone, Joghurt und Haselnuss-Minz-Vinaigrette 88
SPEZIALITÄTEN VOM WOLFGANGSEE 91
Spinat-Pomelo-Salat mit getrockneten Tomaten und Oliven 94
CHÂTEAU D'ESTOUBLON 97
Gegrillte Tomaten mit Mozzarella, Noriblättern und Aprikosenespuma 100
Crostinis mit Apfel-Sellerie-Salat und Schafskäse 104
Gebackene Steinpilze mit Ciprianisauce und Kräutern 108
Artischocken im Brot-Salzteig mit Gremolata-Dip 114
SHERRY EMILIO LUSTAU 119
Safran-Gemüse-Tempura mit dreierlei Dip 122
MIASA SAFRAN 125
Gnocchi-Eintopf mit Gemüse und Kartoffel 128
Marinierter Kopfsalat mit Caesar-Dressing und Pfifferlingen 132
BIO WIESENMILCH 135
Kräuterknödel mit Rahmschwammerl und Räuchertofu 138
Feine Tagliolini mit Trüffel und Parmesansauce 144
ORNELLAIA 149
BERTINELLI 151
Wurzelgemüsestrudel mit Guacamole 154
Linseneintopf mit gebackenen Süßkartoffeltaschen 158
Quittenquiche mit Pekannüssen und mariniertem Mizunasalat 162
SCHLUMBERGER 165
Dinkelmehl-Ravioli mit Radicchiofüllung, Petersilienwurzeln und Trüffelsauce 168
JOSEPH DROUHIN 173

Sofern nicht anders angegeben, sind die Rezepte in diesem Buch für 4 Portionen.

äfer

Vorwort

Es ist lange her, dass die vegetarische Küche geradezu exotisch in der deutschen Restaurantlandschaft erschien. Sie ist heute moderner Zeitgeist, raffiniert, hochwertig und auf Sterneniveau. Mit den Rezepten in diesem Buch zeigt Ihnen unser Küchenchef Thomas Kahl, wie man auf relativ unkomplizierte Weise wunderbare vegetarische Fine-Dining-Gerichte zaubern kann.

»Das reine Produkt steht im Vordergrund« – dieses Credo verfolgt Thomas Kahl nicht nur im Restaurant Käfer-Schänke, sondern bei all seinen Rezepten. Auf einem Bauernhof aufgewachsen, hat er eine hohe Affinität zu Regionalität und Saison und kombiniert dies gekonnt mit den besten Produkten aus aller Welt, die er auf seinen Stationen in der Haute Cuisine und Sterneküche zu schätzen gelernt hat.

Die Grundlage für ein gelungenes Gericht ist immer das Produkt an sich. Perfekter Geschmack kann sich erst dann entwickeln, wenn man mit hochwertigen Zutaten arbeitet. Dahinter steckt aber auch immer ein Produzent, der mit Liebe zum Detail, viel Zeit, handwerklichem Know-how und Gefühl arbeitet. Daher stellen wir Ihnen neben den Rezepten auch ein besonders paar schöne, informative Geschichten über die Menschen hinter dem Produkt stellvertretend für unsere vielen leidenschaftlichen Lieferanten vor.

Ich wünsche Ihnen viel Freude beim Nachkochen und kann Ihnen nur raten: Ein lustvoller Einkauf bei einem Händler mit Leidenschaft für das Produkt beflügelt die Vorfreude auf das Zubereiten und die Begeisterung der Gäste für alle Köstlichkeiten.

Ihr Michael Käfer

Kohlrabi-Tortellini

mit Macadamianüssen und Mandelmilch

Für den Teig

125 g Mehl (Type 405)
2-3 Eigelbe

Für die Mandelsauce

1 kleine Schalotte
30 g Butter
50 ml Weißwein
250 ml Mandelmilch
150 ml Gemüsefond
50 ml Sahne
Zitronensaft
2 EL Crème fraîche

Für die Füllung

250 g Kohlrabi
150 ml Sahne
Muskatnuss
2 EL gemahlene Mandeln
1 Eigelb
Rauchöl

Außerdem

Salz
Pfeffer aus der Mühle
Mehl zum Arbeiten
1 Eigelb
30 g Butter
100 g Macadamianüsse
12 Oyster Leaves
runder Ausstecher
(Ø 5 cm)

1 Für den Teig Mehl und Eigelbe mit 2-3 EL Wasser und etwas Salz mit den Knethaken des Handrührgeräts zu einem glatten Teig vermengen. Den Teig zu einer Kugel formen, in Klarsichtfolie einschlagen und ca. 30 Min. kalt stellen.

2 Die Schalotte schälen und klein schneiden. Die Butter in einem Topf erhitzen und die Schalotten darin andünsten, mit Weißwein ablöschen und etwas reduzieren lassen. Mandelmilch und Gemüsefond angießen, aufkochen und ca. 20 Min. langsam köcheln lassen. Nun die Sahne hinzugeben, einmal aufkochen lassen und mit Zitronensaft, Salz und Pfeffer abschmecken. Die Crème fraîche mit dem Pürierstab untermixen, anschließend die Sauce durch ein feines Sieb passieren und warm halten.

3 Für die Füllung den Kohlrabi schälen und klein schneiden. 150 g Kohlrabi in der Sahne mit Muskat, Salz und Pfeffer weichkochen. Den weichen Kohlrabi herausnehmen und mit ca. 1 EL Sahne fein pürieren. Abschmecken und auskühlen lassen.

4 Reichlich Wasser mit etwas Salz aufkochen lassen, die restlichen Kohlrabiwürfel darin leicht bissfest blanchieren und in kaltem Wasser abschrecken. Dann auf Küchenpapier trocknen lassen.

5 Das Kohlrabipüree mit den Würfeln vermischen. Gemahlene Mandeln, 1 Eigelb und etwas Rauchöl beigeben und abschmecken.

6 Den Teig auf der bemehlten Arbeitsplatte dünn ausrollen und Kreise ausstechen. Die halben Außenseiten der Kreise leicht mit Eigelb einpinseln. Die Fülle mittig auf die Teigkreise verteilen. Die Kreise zu Halbmonden zusammenklappen und festdrücken. Die Enden wieder mit etwas Eigelb bepinseln, zu Tortellini einschlagen und die Teigenden fest andrücken.

7 Reichlich Wasser mit Salz zum Kochen bringen. Die fertigen Tortellini darin in 3-5 Min. vorsichtig garziehen lassen. Die Tortellini herausnehmen und beiseite stellen. Ca. 50 ml vom Kochwasser mit der Butter aufkochen, die fertigen Tortellini darin glasieren und mit Salz und Pfeffer abschmecken.

8 Die Macadamianüsse in einer Pfanne ohne Öl leicht rösten und im Anschluss fein hacken. Die Sauce noch einmal mit dem Pürierstab aufmixen. Die Tortellini auf vorgewärmte Teller setzen und die Sauce darüber geben. Die Macadamianüsse darüber streuen und mit den Oyster Leaves garnieren.

Spargelcremesuppe
mit Bärlauch-Grießnocken

Für die Grießnocken

200 ml Milch
40 g Butter
100 g Hartweizengrieß
3 Blätter Bärlauch
1 Ei (M)

Für die Suppe

700 g weißer Spargel
Saft von ½ Zitrone
3 Schalotten
50 g Butter
100 ml Weißwein
50 ml weißer Portwein
300 g Sahne
30 g Crème fraîche
1 EL Speisestärke
Zitronensaft

Außerdem

Salz
Muskatnuss
Zucker

1 Die Milch mit der Butter, etwas Salz und Muskatnuss aufkochen lassen. Den Grieß einrühren und 3–5 Min. unter ständigem Rühren langsam köcheln lassen. Die Masse dann in eine Schüssel geben und etwas auskühlen lassen. Die Bärlauchblätter waschen, trocknen und in feine Streifen schneiden. Bärlauch und Ei zur Grießmasse geben. Reichlich Wasser mit etwas Salz zum Kochen bringen. Die Masse noch einmal gut durchrühren und mit Hilfe von 2 Esslöffel daraus Nocken formen. Diese im heißen Wasser ca. 10 Min. ziehen lassen.

2 Den Spargel schälen und die Enden abschneiden. Schalen und Enden gut waschen und mit 2 l Wasser, je 1 Prise Salz und Zucker in einen Topf geben. Aufkochen, auf die Hälfte einkochen lassen und durch ein Sieb passieren.

3 Die Spargelspitzen auf ca. 3 cm Länge abschneiden und längs halbieren. Etwas von dem Fond aufkochen und die Spargelspitzen darin in ca. 8 Min. bissfest garen, dann im Fond beiseite stellen.

4 Die Schalotten schälen und klein schneiden. Den restlichen Spargel ebenfalls klein schneiden. Die Butter in einem Topf erhitzen, den Spargel und die Schalotten darin andünsten, salzen. Mit Weiß- und Portwein ablöschen und 2–3 Min. köcheln lassen. Mit dem restlichen Spargelfond auffüllen und auf die Hälfte einkochen lassen. Dann die Sahne hinzugeben, alles einmal aufkochen lassen und die Crème fraîche einrühren. Die Stärke mit 2 EL Wasser anrühren, zur Suppe geben und einmal aufkochen las-

sen. Die Suppe pürieren und evtl. durch ein feines Sieb passieren. Dann mit Zitronensaft und nach Geschmack mit etwas Salz abschmecken.

5 Die fertigen Grießnocken mit den Spargelspitzen in vorgewärmten, tiefen Tellern anrichten. Die heiße Suppe mit dem Pürierstab aufschäumen, auf die Teller verteilen und servieren.

Verrücktes Huhn

mit sechs Füllungen

Für 6 Personen

Tomatenessenz

600 g reife Tomaten
200 ml Gemüsebrühe
1 sehr kleine Knoblauchzehe
3 Stängel Basilikum
Zucker

Cremige Mango-Currypolenta

¼ Mango (100 g Mangofleisch)
10 g Parmesankäse
20 g Pinienkerne
200 ml Milch
Currypulver
50 g Instant-Polenta
1 TL geschlagene Sahne

Rahmspinat mit Wachtelspiegelei

170 g Babyspinat
20 g Butter
60 ml Sahne
1 TL Crème fraîche
6 Wachteleier
etwas Öl zu Braten

Kräuterrührei mit Trüffel

1 Handvoll frische Kräuter
3 Eier
15 g Sahne
20 g Butter
Trüffel nach Belieben

1 Die Tomaten waschen, trocknen und den Strunk herausschneiden. Zwei Tomaten auf der Unterseite kreuzweise einritzen. Wasser zum Kochen bringen und die zwei Tomaten 5-10 Sek. darin blanchieren, dann abschrecken. Die Haut der Tomaten abziehen, die Tomaten vierteln, das Kerngehäuse entfernen. Die Tomatenfilets in kleine Würfel schneiden und beiseite stellen. Die restlichen Tomaten grob schneiden, mit der Gemüsebrühe pürieren und in einen Topf geben. Den Knoblauch schälen, den Basilikum waschen und trocken schütteln. Beides (bis auf ein Basilikumblatt) zum Fond geben, diesen mit Salz, Pfeffer und 1 Prise Zucker würzen und einmal aufkochen. Dann 30 Min. ziehen lassen. Das Basilikumblatt in Streifen schneiden, mit den Tomatenwürfeln in sechs Eierschalen verteilen und die Essenz angießen.

2 Die Mango schälen und das Fruchtfleisch in 5 mm große Würfel schneiden. Den Parmesan reiben, die Pinienkerne in einer Pfanne ohne Fett anrösten. Die Milch aufkochen lassen, salzen und pfeffern, Curry nach Geschmack dazugeben und die Polenta mit einem Schneebesen einrühren. Unter ständigem Rühren 3-5 Min. köcheln lassen, dann den Parmesan unterrühren und die Mangowürfel unterheben. Zuletzt die geschlagene Sahne unterheben. Die Polenta in sechs Eierschalen anrichten und mit den Pinienkernen garnieren.

3 Den Spinat putzen, waschen und trocknen. Die Butter in einem Topf erhitzen, den Spinat hineingeben und zusammenfallen lassen. Die Sahne hinzufügen, einmal aufkochen lassen und mit Salz, Pfeffer und Mus-

Kürbiscremesuppe mit Kürbiskernöl

140 g Muskatkürbis
1 sehr kleine Schalotte
1 cm Ingwerknolle
20 g Butter
50 ml Weißwein
250 ml Gemüsefond
80 g Sahne
Zucker
Kürbiskernöl

Rote Bete-Salat mit Pflaumen

60 g vorgegarte Rote Bete
2 getrocknete Pflaumen
1 EL Rote-Bete-Saft
1 TL Sherryessig
1 TL Walnussöl
Zucker
frischer Meerrettich

Außerdem

Salz
Pfeffer aus der Mühle
Muskatnuss
36 leere Eierschalen

kat würzen. Dann mit der Crème fraîche fein pürieren. Das Öl in einer Pfanne erhitzen, die Wachteleier vorsichtig hineinschlagen und zu Spiegeleiern braten. Diese auf einem Küchenpapier abtrocknen und leicht salzen. Den warmen Rahmspinat in sechs Eierschalen anrichten und die Spiegeleier darauf setzen.

4 Die Kräuter waschen, trocken schütteln und klein schneiden. Die Eier aufschlagen und mit Sahne und Kräuter verquirlen, salzen und pfeffern. Die Butter in einer Pfanne erhitzen, die Eiermischung hineingeben und zu einem fluffigen Rührei braten. Das Rührei auf sechs Eierschalen verteilen und jeweils etwas Trüffel darüber hobeln.

5 Den Kürbis schälen, die Kerne entfernen und das Fleisch in kleine Stücke schneiden. Schalotte und Ingwer schälen und klein schneiden. Die Butter in einem Topf erhitzen, Kürbiswürfel, Schalotten und Ingwer darin andünsten und mit Salz und Pfeffer würzen. Den Weißwein angießen, mit dem Gemüsefond auffüllen. Alles ca. 20 Min. köcheln lassen, die Sahne hinzugeben und nochmals aufkochen lassen. Alles mit dem Pürierstab pürieren, abschmecken und evtl. durch ein Sieb passieren. Die heiße Suppe mit dem Pürierstab aufschäumen, in sechs Eierschalen füllen und etwas Kürbiskernöl darüber träufeln.

6 Die Rote Beete sowie die Pflaumen in 5 mm große Stücke schneiden. Den Rote-Bete-Saft, Essig und das Öl hinzugeben, salzen und pfeffern. Alles gut vermischen und den Salat in sechs Eierschalen füllen. Den Meerrettich schälen, fein hobeln und auf den Salat geben.

7 Zum Servieren von jeder Sorte jeweils ein Ei in einen Eierkarton geben und diesen verschließen.

La Bilancia

TARTUFI DI QUALITA

Seit 1985 hat das Trüffel-Unternehmen La Bilancia durch höchste Produktkenntnisse und genaue Selektion der Trüffel es geschafft, eine einmalige Spitzenstellung im internationalen Trüffelhandel zu erreichen.

Jede einzelne Trüffelknolle wird unter strengsten Kriterien geprüft und nach Herkunft, Frische, Konsistenz und Geschmack ausgesucht.

Besonders fein zu unseren Rezepten mit Trüffeln aus dem Hause von La Bilancia schmeckt deren Olivenöl Extra Vergine mit weißem Trüffel-Aroma. Dieses können Sie ausgezeichnet zur Geschmacksanreicherung oder als Trüffelersatz verwenden. Das nussige Aroma kommt besonders in Gerichten gut zur Geltung, die nicht aufwendig sind. Als Basis dienen hier Ei, Nudeln, Kartoffeln und Reis. Ganz günstig ist dieser Schatz aus der Erde allerdings nicht. Der weiße Trüffel kann nicht gezüchtet werden und ist stark von klimatischen Bedingungen abhängig.

Aber was macht man nicht alles für diesen außergewöhnlich tollen Geschmack!

Kräuter-Spätzle-Topf

mit Morcheln, Schalotten und Bergkäse

Für die Spätzle

1 Handvoll gemischte Kräuter
(z.B. Schnittlauch, Petersilie, Kerbel)
250 g Quark
250 g Mehl
3 Eigelbe
3 Eier (M)
Muskatnuss

Für die Schalotten

400 g Schalotten
80 g Butter

Für die Morcheln

300 g kleine Morcheln
1 kleine Schalotte
1 sehr kleine Knoblauchzehe
40 g Butter
1 Schuss Sherry
450 g Sahne

Außerdem

80 g Bergkäse
Salz
Pfeffer aus der Mühle

1 Für die Spätzle die Kräuter waschen, trocken schütteln und hacken. Alle Zutaten in eine Schüssel geben und zu einem glatten Teig verrühren. Den Teig abschmecken und 30 Min. ruhen lassen.

2 Die Schalotten schälen, halbieren und in feine Streifen schneiden. Die Butter in einer Pfanne erhitzen, die Schalotten hinzugeben und bei schwacher Hitze in ca. 5–10 Min. goldbraun anbraten. Mit Salz und Pfeffer würzen und beiseite stellen.

3 Von den Morcheln den Stiel entfernen, die Morcheln gut waschen und auf Küchenpapier trocknen. Schalotte und Knoblauch schälen und klein schneiden. Die Butter in einer Pfanne erwärmen und die Pilze darin leicht für 2–3 Min. anbraten. Schalotten sowie Knoblauch hinzugeben und etwas mitbraten. Mit dem Sherry ablöschen, mit Sahne auffüllen und einmal aufkochen lassen. Die Sauce mit Salz und Pfeffer abschmecken und warm halten.

4 Den Backofen auf 180 °C vorheizen. Reichlich Wasser mit Salz zum Kochen bringen. Den Teig portionsweise mit dem Spätzlehobel ins kochende Wasser hobeln. Die Spätzle kochen lassen, bis sie an der Oberfläche schwimmen, mit einem Schaumlöffel herausnehmen, kurz abtropfen lassen und noch heiß in einen mittelgroßen, feuerfesten Topf geben. Auf die noch warmen Spätzle eine Schicht Schalotten und Morcheln geben, darauf wieder eine Schicht frische Spätzle. Diesen Vorgang wiederholen, bis die Zutaten aufgebraucht sind. Als letzte Schicht den Bergkäse darüber reiben.

5 Den Topf in den heißen Ofen stellen und die Spätzle überbacken, bis der Käse geschmolzen und goldbraun ist. Aus dem Ofen nehmen und mit einem bunten Salat servieren.

Weinempfehlung

Kräuter-Spätzle-Topf

Bourgogne Pinot Noir Laforêt

Joseph Drouhin

Burgund, Frankreich

Mit seiner feinen und anfänglichen Extraktsüße, seiner seidigen Tannin-struktur und seinem Bukett nach Beeren, Kräutern und Erde passt er sehr gut zu den cremigen Spätzle und dem kräftigen Aromenbild der Morcheln. Einfach klasse!

誘夫酒後行房得
范太座
本報記者鄭木榮朱

Kokos-Curry-Suppe

mit gebackenem Spargel, Limette und Sesam

Für die Suppe

2 Schalotten
1 kleine Knoblauchzehe
15 g Ingwer
6 cm Zitronengras
1 TL Currypulver
150 ml Weißwein
600 ml Kokosmilch
200 ml Gemüsefond
½ TL Currypaste nach Belieben
2 EL Sesamöl
4 EL Olivenöl
½ Banane
4 Limetten
80 g Crème fraîche

Für den Spargel

80 g Mehl
1 Eigelb
100 ml Mineralwasser
Sesamöl
1 TL geröstete Sesamsaat
1 Msp. Currypulver
500 g grüner Spargel

Außerdem

Salz
Pfeffer aus der Mühle
Eiswasser
Öl zum Frittieren
1 TL Sesamsaat

1 Schalotten und Knoblauch schälen und klein schneiden, Ingwer klein schneiden. Das Öl in einem Topf erhitzen, die Schalotten, den Ingwer, das Zitronengras sowie den Knoblauch darin leicht anbraten. Currypulver hinzugeben, alles mit dem Weißwein ablöschen und ca. 3 Min. köcheln lassen. Die Kokosmilch, den Gemüsefond sowie die Currypaste hinzugeben, aufkochen und ca. 30 Min. köcheln lassen. Die Limetten schälen, die Filets herausschneiden und beiseite stellen. Den Rest entsaften oder auspressen. Das Zitronengras aus der Suppe entfernen. Die Banane schälen und mit Crème fraîche zur Suppe geben. Alles mit dem Pürierstab durchmixen. Mit Limettensaft abschmecken und mit Salz und Pfeffer abschmecken.

2 Aus Mehl, Eigelb, Mineralwasser, Sesamöl, Sesamsaat und Currypulver einen glatten Teig herstellen. Vom Spargel die Enden abschneiden. Die Spargelstangen zu ⅔ schälen, sodass die Spitzen ganz bleiben. Reichlich Wasser mit Salz zum Kochen bringen und den Spargel darin in ca. 4 Min. leicht bissfest blanchieren. In kaltem Wasser abschrecken, auf Küchenpapier trocknen und längs halbieren. Das Öl im einem Topf auf ca. 170 °C erhitzen (es ist heiß genug, wenn von einem ins Öl gehaltenen Holzlöffel Bläschen aufsteigen). Die Spargelstücke durch den Teig ziehen und im heißen Öl goldbraun frittieren. Herausnehmen, auf Küchenpapier abtropfen lassen und nach Belieben leicht salzen.

3 Die Sesamsaat in einer Pfanne ohne Öl kurz anrösten. Die Limettenfilets in vorgewärmte Suppentassen verteilen. Die heiße Suppe mit dem Pürierstab

aufschäumen und auf die Suppentassen verteilen. Jeweils 2 Spargelstücke auf einen Holzspieß aufstecken und über die Tasse legen. Die Suppe mit geröstetem Sesam bestreuen und servieren.

Marcus Lind

GEWÜRZE

Marcus Lind kreiert exklusiv für Feinkost Käfer hochwertige Gewürzmischungen und ist für Feinkost Käfer immer auf der Suche nach den besten Mono-Gewürzen. Nur die besten Rohstoffe kommen zum Einsatz. Fast alle Zutaten stammen aus kontrolliertem Anbau und werden ohne künstliche Zusätze weiterverarbeitet. Das Sortiment enthält neben klassischen Mono-Gewürzen wie Pfeffer und Paprika auch unwiderstehliche Kreationen für die mediterrane und internationale Küche.

Basis aller Kompositionen ist das naturbelassene Meersalz, geerntet in dem Naturpark »Parque Natural de Ses Salines« von Ibiza. Verfeinern Sie Ihre Gerichte mit den hochwertigen Gewürzen. Sie werden den Unterschied mit Sicherheit schmecken.

Wiesenkräutersuppe

mit Ziegenmilchschaum und Blüten-Frischkäse-Brot

Für die Suppe

250 g gemischte Wiesenkräuter (z. B. Wiesenkerbel, wilder Schnittlauch, Schafgarbe, Brennnessel, Bärlauch)
80 g Knollensellerie
½ Stange Staudensellerie
3 Schalotten
1 Knoblauchzehe
40 g Champignons
40 g Fenchel
50 g Butter
150 ml Weißwein
750 ml Gemüsefond
300 g Sahne
gemahlener Chili
1 EL Speisestärke
40 g Crème fraîche

Für das Frischkäse-Brot

2 Radieschen
120 g Hüttenkäse
Olivenöl
4 Scheiben Vollkorn-Karottenbrot
Essbare Blüten (z. B. Borretsch, Gänseblümchen, Salbei, Rosmarin ...)

Für den Milchschaum

200 ml Ziegenmilch
2 Lorbeerblätter
Muskatnuss

Außerdem

Salz
Pfeffer aus der Mühle
Zitronensaft

1 Die Kräuter waschen und trocken schütteln, auf Küchenpapier trocknen lassen. Das Gemüse ebenfalls waschen. Knollensellerie, Staudensellerie, Knoblauch und Schalotten schälen. Gemüse und Schalotten in grobe Stücke schneiden. Die Butter in einem Topf erhitzen, Gemüse und Schalotten darin andünsten. Die Knoblauchzehe hinzugeben, den Wein angießen und einmal aufkochen lassen. Mit dem Gemüsefond auffüllen und um ein Drittel einkochen lassen. Nun die Sahne unterrühren und alles ca. 10 Min. köcheln lassen. Die Speisestärke mit 2 EL Wasser anrühren, zur Suppe geben und einmal aufkochen lassen. Die Kräuter (bis auf 2 EL) in die Suppe geben und alles mit der Crème fraîche sehr fein pürieren.

2 Die Radieschen putzen, waschen und in dünne Scheiben scheiden. Den Hüttenkäse mit Salz, Pfeffer und etwas Zitronensaft würzen, einen Schuss Olivenöl sowie die restlichen Kräuter beigeben und auf die Brotscheiben verteilen. Die Radieschenscheiben und essbaren Blüten darauf verteilen.

3 Die Milch auf ca. 60 °C erwärmen, die Lorbeerblätter einreißen und in die Milch geben. Ca. 10 Min. darin ziehen lassen, dann entfernen. Die Milch mit dem Pürierstab aufschäumen und mit Salz, Pfeffer und Muskat würzen.

4 Zum Servieren die Suppe nochmals mit dem Pürierstab aufschäumen. Dann auf tiefe Teller verteilen und den Ziegenmilchschaum darauf setzen. Das Brot extra dazu servieren.

PRODUITS
DE LA FERME

MAISON FONDÉE EN 1776
LOUIS ROEDERER
CHAMPAGNE

Louis Roederer

EINES DER LETZTEN UNABHÄNGIGEN CHAMPAGNERHÄUSER

Champagne Roederer
Brut Premier

Louis Roederer

Reims, Frankreich

Feinperlig, zartwürzig und Nuancen von reifen Trauben, Äpfeln und frischer Brioche sorgen für geschmackliche Noblesse. Gekühlt bei 9° Celsius ist es ein eleganter und exklusiver Apéritif.

Das Champagnerhaus Roederer ist heute eines der letzten großen Häuser im Familienbesitz und legt äußersten Wert auf Tradition und Exklusivität. Im Jahre 1776 gegründet, produziert es in Reims bis heute hochwertigen Champagner. An der Spitze der Maison Louis Roederer steht in siebter Generation der gleichen Familie Frédéric Rouzaud. Er leitet ein Weingut von 240 Hektar, das ausschließlich aus Grands- und Premiers Crus-Gebieten an der Marne besteht.

Durch die klimatischen Bedingungen dieser Region – dem kühlsten Weinbaugebiet der Champagne – entsteht ein unverwechselbares Aroma, das charakteristisch für die Roederer-Champagner ist. Eine große Auswahl an Réserve-Weinen, von denen 20% im Eichenholzfass reifen, vereint sich in diesen Champagnern zu einem fruchtig-eleganten Genuss.

Sein Prestige Champagner ist der Roederer Cristal. Die Maison lieferte 1876 dem russischen Zarenhaus erstmals Champagner in klarem Kristall-Glas und flachem Boden, da der Zar sich gegen Giftattentate wappnen wollte. Dieser neue Champagner wurde zum Verkaufsschlager und wird heute noch in der durchsichtigen Flasche produziert.

Spargel »Primavera«

mit Olivenöl, Zitronensaft und Parmesankäse

Zutaten

1 kg weißer Spargel
1 kg grüner Spargel
Salz
50 g Butter
1 EL Zucker
100 g Parmesan
Saft von 1 Zitrone
100 ml bestes Olivenöl
schwarzer Pfeffer aus der Mühle

1 Den weißen Spargel schälen und die unteren 3-4 cm abschneiden. Vom grünen Spargel die Enden abschneiden und die unteren ⅔ schälen.

2 In einem großen Topf reichlich Wasser mit Salz, der Butter und Zucker zum Kochen bringen. Darin zuerst den weißen Spargel in ca. 15 Min. leicht bissfest kochen, aus dem Fond nehmen und warmstellen. Nun den grünen Spargel im selben Fond in ca. 12 Min. ebenfalls leicht bissfest kochen und herausnehmen.

3 Die beiden Spargel versetzt auf vorgewärmte Teller verteilen, den Parmesan darüber hobeln. Den Zitronensaft darüber verteilen und zum Schluss großzügig mit dem Olivenöl beträufeln. Mit schwarzem Pfeffer aus der Mühle würzen.

Weinempfehlung

Spargel »Primavera«

Riesling Sauvage

Georg Breuer

Rheingau, Deutschland

Der Riesling Sauvage aus dem Rheingau besitzt Aromen von reifen Pfirsichen, Passionsfrüchten und Grapefruit. Sehr ausgeglichen in seiner Frucht und Säure und zartfruchtig im Geschmack ist er der perfekte Begleiter zu diesem frühlingshaften Spargelgericht.

Feiner Flammkuchen

mit knusprigem Parmesan und Löwenzahn

Für die Flammkuchen

330 g Knollensellerie
100 g Sahne
3 Stangen Staudensellerie
25 ml Aceto balsamico bianco
50 ml Olivenöl + etwas für den Spargel
Zucker
weißer Pfeffer aus der Mühle
250 g grüner Spargel
4 Flammkuchenböden (aus dem Kühlregal)
50 g Crème fraîche
250 g Parmesan

Für die Creme

1 Eigelb
1 EL Senf
Weißweinessig
200 ml Öl
Zitronensaft
Trüffelöl

Für den Salat

50 g gelber Löwenzahnsalat
Zitronensaft
Olivenöl

Außerdem

Salz
Pfeffer aus der Mühle
Muskatnuss
Blattgold nach Belieben

1 130 g Sellerie schälen und in kleine Stücke schneiden. Mit 100 ml Wasser und der Sahne in einen kleinen Topf geben, mit Salz, Muskat würzen und in 10 Min. weichkochen. Durch ein Sieb abgießen und mit einem Pürierstab fein pürieren. Gegebenenfalls nachwürzen und auskühlen lassen.

2 Den restlichen Knollensellerie und den Staudensellerie schälen und mit einem Gemüsehobel in dünne Scheiben schneiden (beide separat halten). Reichlich Wasser mit Salz zum Kochen bringen; zuerst den Knollensellerie darin in 2 Min. leicht bissfest blanchieren, herausnehmen und in eine Schüssel geben. Den Staudensellerie ebenfalls blanchieren und in kaltem Wasser abschrecken. Dann herausnehmen, auf einem Küchenpapier abtrocknen und beiseite stellen.

3 100 ml vom Selleriekochwasser abmessen, den Essig und das Olivenöl langsam einrühren. Mit Salz, Pfeffer und Zucker würzen. Die Marinade über den Knollensellerie geben und diesen für ca. 1 Std. marinieren lassen. Im Anschluss den Staudensellerie dazugeben, durchrühren und alles nochmal kurz durchziehen lassen.

4 Vom Spargel die Enden abschneiden und den Spargel zu ⅔ schälen. Nun in ca. 5 mm dicke Scheiben schneiden, dabei die Spitze ganz lassen. Reichlich Wasser mit Salz zum Kochen bringen und den Spargel darin in ca. 4 Min. leicht bissfest blanchieren. Herausnehmen, in kaltem Wasser abkühlen und auf Küchenpapier trocknen. Salzen, etwas Olivenöl darüber träufeln und den Spargel beiseite stellen.

5 Für die Creme das Eigelb mit Senf und Essig verrühren. Das Öl unter ständigem Rühren langsam einlaufen lassen, sodass eine Mayonnaise entsteht. Mit Zitronensaft, Trüffelöl, Salz und Pfeffer abschmecken.

6 Den Backofen auf 220 °C Umluft vorheizen. Den Parmesan fein reiben. Das Selleriepüree, Crème fraîche und 50 g Parmesan vermischen und abschmecken. Die Flammkuchenböden damit bestreichen und auf einem mit Backpapier belegten Backblech ca. 10 Min. im heißen Backofen knusprig backen. Den Selleriesalat aus der Marinade nehmen und die Flammkuchenböden mit Sellerie und Spargel belegen. Die Flammkuchen in ca. 5 Min. fertig backen.

7 Den restlichen Parmesankäse dünn auf Backpapier streuen und im heißen Ofen backen, bis er knusprig ist. Abkühlen lassen und in größere Stücke brechen.

8 Den Salat waschen und trocknen, dann mit Olivenöl und Zitronensaft marinieren.

9 Die fertigen Flammkuchen aus dem Ofen nehmen, den Löwenzahnsalat darauf verteilen. Die Creme mit Hilfe eines Spritzbeutels mit kleiner Lochtülle (oder einem Löffel) kreisförmig darüber verteilen und die Parmesanchips darüber geben. Je nach Vorliebe Blattgold darauf geben.

Zucchini-Kartoffel-Rösti

mit Kichererbsencreme

Für die Kichererbsencreme

130 g getrocknete Kichererbsen (oder 1 Dose Kichererbsen)
1 kleine Knoblauchzehe
70 ml Olivenöl
Currypulver Jaipur
gemahlener Kreuzkümmel

Für die Rösti

700 g mehligkochende Kartoffeln
500 g Zucchini
4 Eigelbe
2 EL Speisestärke
Salz
Pfeffer aus der Mühle
Öl zum Braten

1 Die getrockneten Kichererbsen 24 Std. im Wasser einweichen. Im Anschluss in reichlich neuem Wasser in 1–2 Std. weichkochen und abgießen, dabei aber 150 ml vom Kochwasser aufheben. Die Knoblauchzehe schälen. Die gegarten Kichererbsen mit dem Wasser, Olivenöl, der Knoblauchzehe, Curry Jaipur und Kreuzkümmel im Standmixer pürieren. Die Creme mit Salz und Pfeffer abschmecken.

2 Kartoffeln und Zucchini waschen. Die Kartoffeln schälen, grob raspeln und leicht salzen. Die Zucchini putzen, ebenfalls grob raspeln und leicht salzen. Beides ca. 10 Min. stehen lassen, dann leicht auspressen und das ausgetretene Wasser abgießen. Kartoffeln und Zucchini vermischen. Eigelbe und Stärke hinzugeben, mit Salz und Pfeffer würzen und alles gut vermischen. Das Öl in einer Pfanne erhitzen, jeweils 2–3 EL Kartoffel-Zucchini-Masse nebeneinander in die Pfanne setzen und mit dem Löffelrücken flach drücken. Die Rösti in ca. 10 Min. von beiden Seiten knusprig braten. Die fertigen Rösti auf Küchenpapier abtropfen lassen.

3 Zum Servieren auf die Hälfte der fertigen Rösti je einen Löffel Kichererbsencreme geben und einen zweiten Rösti darauf setzen.

Gedämpfte Wan-Tan

von Shiitake-Pilzen mit Daikon-Rettich und Nashi-Birne

Für die Wan-Tan

170 g Shiitake-Pilze
120 g Daikon-Rettich, eingelegt (Feinkost)
1 Nashi-Birne
2 EL Olivenöl
2 EL Sesamöl
1 kleiner Zweig Thymian
1 kleiner Zweig Rosmarin
20 ml Sake
Saft von 1 Limette
Salz
Pfeffer aus der Mühle
12 Wan-Tan-Blätter
1 Eigelb
5 cm Zitronengras
1 Kaffirlimettenblatt
½ Bio-Orange
½ Bio-Zitrone
1 Zweig Koriandergrün
1 kleine Chilischote

Für den Salat

2 Nashi-Birnen
120 g Daikon-Rettich, eingelegt (Feinkost)
80 ml Dampfsud
Saft von 1 Limette
süß-saure Sauce
1 Frühlingszwiebel

Außerdem

etwas Mehl zum Arbeiten
Bambuskörbchen zum Dämpfen

1 Für die Füllung von den Pilzen den Stiel entfernen, die Kappen mit einem feuchten Tuch abwischen und die Pilze in Würfel schneiden. Die Birne schälen und das Kerngehäuse entfernen. Birne und Rettich in Würfel schneiden. Das Öl in einer Pfanne erhitzen und die Pilze darin gut mit den Kräutern anbraten. Zum Schluss die Birnen- und Rettichwürfel, Sake sowie Limettensaft hinzugeben. Kurz durchschwenken, salzen und pfeffern. Die Kräuter entfernen und die Mischung auskühlen lassen.

2 Die Wan-Tan-Blätter einzeln auf die bemehlte Arbeitsfläche legen und den Rand mit Eigelb bestreichen. Jeweils ca. 1 EL Fülle in die Mitte setzen. Nun die diagonalen Spitzen jeweils zusammenführen und andrücken, sodass kleine Pyramiden entstehen.

3 Orange und Zitrone schälen. Das Kaffirlimettenblatt einreißen und mit Zitronengras, Koriander, Orangen- und Zitronenschale und Chilischote in einen Topf geben und mit 250 ml Wasser aufkochen lassen. Die Wan-Tan in ein passendes Bambuskörbchen mit Deckel geben (sie sollten sich nicht berühren), auf den Topf stellen und ca. 10 Min. dämpfen.

4 Für den Salat die Birnen schälen, halbieren und das Kerngehäuse entfernen. ⅔ der Birnen in dünne Spalten schneiden, den Rest klein würfeln. Den Rettich ebenfalls in dünne Scheiben schneiden. 80 ml vom Dampfsud mit Limettensaft und 1 EL süß-saurer Sauce abschmecken und so eine Marinade herstellen.

5 Die Frühlingszwiebel putzen und das Dunkelgrüne entfernen. Das Hellgrüne in feine Ringe schneiden. Die Birnenspalten und Rettichscheiben abwechselnd kreisförmig auf Teller verteilen. Mit einem Löffel die Marinade darüber verteilen. Die fertigen Wan-Tan darauf anrichten, etwas von der süß-sauren Sauce darüber geben und mit Frühlingszwiebel bestreuen.

Gazpacho

mit feinen Gemüsewürfeln, Gartenkresse und Grissini

Für die Gazpacho

1 Salatgurke
1-2 Knoblauchzehen
2 rote Paprikaschoten
1,5 kg reife Tomaten
100 g Toastbrot
75 ml Aceto balsamico bianco
125 ml gutes Olivenöl

Für die Einlage

1 rote Paprikaschote
1 gelbe Paprikaschote
1 Salatgurke
5 Tomaten

Für die Grissini

250 g Mehl (Typ 450)
20 g frische Hefe
2 EL Olivenöl
30 g getrocknete Tomaten
frischer Thymian
frischer Rosmarin
grobes Meersalz

Außerdem

Mehl zum Ausrollen
Piment d'espelette nach Belieben
Salz
Pfeffer aus der Mühle

1 Am Vortag das Gemüse für die Suppe waschen. Gurke und Knoblauch schälen. Die Paprikaschote von den weißen Trennwänden und Kernen befreien. Gurke, Paprikaschote, Tomaten und Toastbrot klein schneiden. Alles mit Essig, Olivenöl und ¼ l Wasser vermengen, salzen und pfeffern und ca. 12 Std. (oder über Nacht) in den Kühlschrank stellen.

2 Für die Einlage das Gemüse waschen. Die Paprika von weißen Trennhäuten und Kernen befreien und schälen. Die Gurke schälen und mit einem Esslöffel die Kerne entfernen. Die Tomaten an der Unterseite kreuzweise leicht einritzen. Wasser zum Kochen bringen. Die Tomaten in diesem für ca. 5-10 Sek. blanchieren und in kaltem Wasserabschrecken. Die Tomaten häuten, vierteln und das Kerngehäuse entfernen (diese in die Gazpacho mixen). Paprika, Gurke und Tomaten in feine Würfel schneiden.

3 Das Mehl mit der Hefe, 140 ml Wasser, 1 TL Salz und 1 TL Olivenöl glatt kneten, mit einem Tuch bedecken und an einem warmen Platz ca. 15-20 Min. gehen lassen, bis er sein Volumen in etwa verdoppelt hat.

4 Die getrockneten Tomaten klein schneiden, zum Teig geben und diesen nochmals durchkneten. Den Teig ca. ½ cm dick ausrollen, wieder mit einem Tuch bedecken und ca. 10 Min. ruhen lassen.

5 Den Ofen auf 190 °C vorheizen. Den Teig in ca. 5 cm dicke Streifen schneiden, diese rund rollen und auf ein mit Backpapier belegtes Backblech geben. Im vorgeheizten Backofen für ca. 15 Min. backen. Thy-

mian und Rosmarin waschen, trocken schütteln, die Blätter abzupfen und hacken. Das restliche Olivenöl mit etwas Meersalz, Thymian und Rosmarin vermischen und die fertig gebackenen Grissini damit großzügig einpinseln.

6 Das Gemüse auf gekühlte Suppentassen oder Suppenteller verteilen und die kalte Gazpacho einfüllen, die Gartenkresse darüber geben. Nach Belieben Piment d'espelette darüber streuen oder die Suppe mit etwas Olivenöl beträufeln. Die Grissini separat dazu servieren.

Risotto Milanese

mit Spinat und Wachteleiern

Für den Risotto

2 Schalotten
1 kleiner Zweig Thymian
50 ml Olivenöl
300 g Risottoreis
2 g Safranfäden
1 Knoblauchzehe
150 ml Weißwein
900 ml heißer Gemüsefond
40 g Parmesan
40 g Sahne
60 g Butter

Für den Spinat

300 g Babyspinat
1 Schalotte
50 g Butter
Muskatnuss

Für die Wachteleier

16 Wachteleier
2 Eier
Mehl zum Frittieren
Semmelbrösel zum Frittieren

Außerdem

Öl zum Frittieren
Salz
Pfeffer aus der Mühle

1 Die Schalotten schälen und klein schneiden. Thymian waschen und trocken schütteln. Das Olivenöl in einem Topf erhitzen, die Schalotten im heißen Öl glasig andünsten. Risottoreis, Knoblauchzehe im Ganzen und Thymian hinzugeben und andünsten, bis die Reiskörner glasig sind. Den Weißwein angießen. Die Safranfäden hinzugeben und den Weißwein unter ständigem Rühren fast verkochen lassen. Etwa ein Drittel von dem heißen Fond angießen und köcheln lassen, dabei ständig rühren. Diesen Vorgang 2-mal wiederholen und den Reis in ca. 18–20 Min. leicht bissfest garen. Den Knoblauch sowie den Thymian entfernen. Den Parmesan reiben, die Sahne schlagen. Butter und Parmesan unter das Risotto rühren und mit Salz und Pfeffer abschmecken. Zum Schluss die geschlagene Sahne unterheben.

2 Den Spinat putzen und waschen. Die Schalotte schälen und fein würfeln. Die Butter in einer Pfanne erhitzen, die Schalottenwürfel glasig andünsten. Den Spinat nach und nach beigeben, zusammenfallen lassen und mit Salz und Pfeffer abschmecken.

3 Für die Wachteleier Wasser zum Kochen bringen und die Eier darin in ca. 2 ½ Min. garen. Herausnehmen, abschrecken und schälen. Die Eier verquirlen und mit Mehl und Semmelbröseln zum Panieren bereitstellen. Die Wachteleier zuerst in Mehl wälzen, durch die Eier ziehen und zum Schluss in den Semmelbröseln fertig panieren. Das Öl in einem Topf auf ca. 170 °C erhitzen (es ist heiß genug, wenn an einem ins Öl gehaltenen Holzlöffel Bläschen aufsteigen) und die Wachteleier darin goldbraun frittieren. Dann die

Wachteleier vorsichtig herausnehmen, auf Küchenpapier abtropfen lassen und leicht salzen.

4 Den fertigen Risotto auf vorgewärmten Teller anrichten, den Spinat in der Mitte platzieren und die Wachteleier darauf setzen.

Weinempfehlung
Risotto Milanese

Gavi di Gavi le Colombare
Santa Seraffa

Piemont, Italien

Der Safran verleiht diesem traditionellen Gericht aus Norditalien einen unverwechselbaren Geschmack. Der Gavi di Gavi aus der Rebsorte Cortese ist mild und mineralisch mit zurückhaltender Frucht und Aromatik und drängt sich so nicht in den Vordergrund.

ALOIS LAGEDER
1823
HEINRICH
BURGENLAND
AKTION
5+1
Alois Lageder Duo
Zweigelt

Tomatensalat

mit Burrata, Schalotten und geröstetem Brot

Für den Tomatensalat

800 g alte Tomatensorten
2 Schalotten
120 ml Olivenöl + zum Braten
3 EL Aceto balsamico bianco
2 EL mittelscharfer Senf
1 Prise Zucker
½ Bund Basilikum

Für das Brot

½ Baguette
2 kleine Zweige Rosmarin
2 Kleine Zweige Thymian
Olivenöl
2 Knoblauchzehen

Außerdem

5 Stängel Basilikum
Öl zum Frittieren
200 g Burrata
Aceto balsamico
Olivenöl
Salz

1 Die Tomaten waschen, trocknen und den Strunk entfernen. Die Schalotten schälen, halbieren und in Streifen scheiden. Die Tomaten in mundgerechte Stücke schneiden. Etwas Olivenöl in einer Pfanne erhitzen und ca. 200 g Tomaten mit den Schalotten darin kurz anbraten, dann beiseite stellen.

2 Aus Balsamicoessig, Senf und Olivenöl eine Vinaigrette herstellen, mit Salz, Pfeffer und Zucker abschmecken. Diese Vinaigrette über die rohen sowie die angebratenen Tomaten und die Schalotten geben. Den Basilikum waschen, trocknen und die Blätter in Streifen schneiden, die Basilikumspitzen beiseite stellen. Die Basilikumstreifen unter den Salat rühren und alles nochmal abschmecken.

3 Das Baguette in ca. 1 ½ cm große Stücke schneiden. Die Kräuter waschen und trocken schütteln. Das Olivenöl in einer Pfanne erhitzen und die Brotstücke darin mit den Kräutern sowie den Knoblauchzehen goldbraun anbraten, dann auf Küchenpapier abtropfen lassen. Die Blätter vom Thymian abzupfen, fein hacken und mit den Brotwürfeln zum Tomatensalat geben. Alles gut vermischen.

4 Den restlichen Basilikum waschen, trocken schütteln und 12 Blätter abzupfen. Das Öl in einem Topf auf 170 °C erhitzen (es ist heiß genug, wenn von einem ins Öl gehaltenen Holzlöffel Bläschen aufsteigen) und die Basilikumblätter darin kurz knusprig frittieren. Herausnehmen und auf Küchenpapier abtropfen lassen. Die frittierten Blätter leicht salzen.

5 Den Tomaten-Brot-Salat auf Tellern anrichten. Die Burrata in Stücke brechen und darauf setzen. Balsamicoessig sowie Olivenöl darüber träufeln. Mit den frittierten Basilikumblättern sowie den Basilikumspitzen garnieren.

Weinempfehlung
Tomatensalat

Giro Blanc

Kühling-Gillot

Rheinhessen, Deutschland

Dieser Weißwein aus Riesling, Scheurebe und Rivaner ist purer Trinkspaß! Sein fruchtig-frisches Aroma passt perfekt zu leichten Gerichten oder als Aperitif. Frei nach dem Motto: nicht nachdenken, einfach nachschenken!

Gemüse-Millefeuille

mit Schnittlauchfond und Rucolasalat

Für den Schnittlauchfond

250g mehligkochende Kartoffeln
1 Schalotte
60g Butter
1 kleine Knoblauchzehe
1 kleiner Zweig Thymian
1 Zweig Majoran
½ Lorbeerblatt
600ml Gemüsefond
Zitronensaft
1 Bund Schnittlauch

Für das Millefeuille

4 Zucchini
2 kleinere Auberginen
1 große gelbe Paprikaschote
1 große rote Paprikaschote
ca. 300ml Olivenöl zum Braten
getrockneter Rosmarin
getrockneter Thymian
200g stückige Tomaten mit Basilikum
30g Parmesan

Außerdem

40g junger Rucola
Zitronensaft
Olivenöl
Salz
Pfeffer aus der Mühle
8 höhere Metallringe zum Anrichten (Ø 5cm)

1 Die Kartoffeln waschen, schälen und blättrig schneiden. Die Schalotte schälen und in feine Streifen schneiden. Die Butter in einem Topf erhitzen, Schalottenstreifen und Kartoffeln darin andünsten. Die Butter sollte dabei nicht braun werden. Das Ganze mit Salz und Pfeffer würzen, Thymian und Majoran hinzugeben und den Gemüsefond angießen. Aufkochen und ca. 1,5 Std. langsam köcheln lassen. Dabei öfters umrühren und die Kartoffeln mit einem Schneebesen zerstoßen.

2 Das Gemüse waschen und trocknen. 2 Zucchini in kleine Würfel schneiden, den Rest in ca. 5mm dicke Scheiben schneiden. Die Paprika von Kernen und weißen Trennwänden befreien, schälen und in kleinere Würfel schneiden. Eine Aubergine fein würfeln, die zweite in ca. 3mm dicke Scheiben schneiden.

3 Etwas Olivenöl in einer Pfanne erhitzen und die Gemüsescheiben darin auf beiden Seiten braun anbraten. Etwas Rosmarin und Thymian dazugeben und das Gemüse salzen und pfeffern. Die Gemüsescheiben aus der Pfanne nehmen und auf Küchenpapier abtropfen lassen. Wieder etwas Olivenöl in die heißen Pfanne geben, die Gemüsewürfel anbraten und die stückigen Tomaten dazugeben. Alles einmal aufkochen lassen, abschmecken und beiseite stellen.

4 Den Ofen auf 160°C vorheizen. 8 höhere Metallringe mit einem Durchmesser von ca. 5cm bereitstellen. In jeden Ring zuerst etwas von den angebratenen Zucchinischeiben geben, darauf die Aubergine und zum Schluss die Gemüsewürfel verteilen. Diesen

Vorgang wiederholen, bis das Gemüse aufgebraucht ist. Den Parmesan reiben, die Türmchen zum Schluss damit bestreuen und für ca. 25 Min. backen.

5 Den Schnittlauch waschen, trocken schütteln und in Röllchen schneiden. Die Suppe mit Hilfe einer kleinen Schöpfkelle durch ein feines Sieb passieren. Nochmals aufkochen lassen, abschmecken und etwas Zitronensaft hinzugeben. Dann die Butter einrühren und zum Schluss die Schnittlauchröllchen zum Fond geben.

6 Vom Rucola die Stiele entfernen, die Blätter waschen und trocknen. Mit etwas Olivenöl, Zitronensaft, Salz und Pfeffer marinieren.

7 Zum Servieren die heißen Gemüse-Millefeuilles in vorgewärmte, tiefe Teller setzen, die Ringe entfernen, den Schnittlauchfond rundherum angießen und den Rucola darauf anrichten

Weinempfehlung

Gemüse-Millefeuille

Rosé Bandol Cœur de Grain

Domaine Ott

Provence, Frankreich

Die Region Bandol ist eine für Rosé renommierte Appellation an der Mittelmeerküste. So schön dieses Gebiet, so schön auch dieser Rosé: Pfirsich, Zitrusfrucht, etwas Vanille und Zimt sowie seine blumigen Töne und Eleganz.

Marinierte Auberginen

mit gelber Paprika, Granatapfel und Minzjoghurt

Für die Auberginen

1,5 mittelgroße Auberginen
2 Zweige Thymian
2 Zweige Rosmarin
2 Knoblauchzehen
Aceto balsamico

Für den Minzjoghurt

½ Bund Minze
300 g Joghurt
Zitronensaft
3 Paprikaschoten

Für die Füllung

½ Granatapfel
Muskatnuss
Eine Prise Zucker

Außerdem

Olivenöl
1 Handvoll Friséesalat
Zitronensaft
Salz
Pfeffer aus der Mühle

1 Die Auberginen waschen und trocknen, die Enden abschneiden. Von den Auberginen der Länge nach 4 Scheiben mit einer Dicke von ca. 1,5 cm, den Rest in ca. 2 mm dicke Scheiben schneiden. Alles auf ein Küchenpapier legen, leicht salzen und ca. 30 Min. stehen lassen. Die ausgetretene Flüssigkeit mit Küchenpapier abtupfen.

2 Den Ofen auf 170 °C Umluft vorheizen. Die Kräuter waschen und trocken schütteln, die Knoblauchzehen andrücken. Etwas Olivenöl in einer Pfanne erhitzen und die dickeren Scheiben darin auf beiden Seiten goldbraun anbraten. Die Hälfte der Kräuter und eine Knoblauchzehe hinzugeben. Die Scheiben nun mit dem Öl, den Kräutern sowie dem Knoblauch auf ein mit Backpapier ausgelegtes Backblech legen und im vorgeheizten Backofen in ca. 10–15 Min. fertiggaren. Die fertigen Scheiben aus dem Ofen nehmen, mit dem Essig beträufeln und warm halten.

3 Die dünneren Scheiben ebenfalls in einer Pfanne mit etwas Öl und den restlichen Kräutern und dem Knoblauch von beiden Seiten goldbraun anbraten, herausnehmen und auf Küchenpapier abtropfen lassen.

4 Für den Minzjoghurt die Minze waschen und trocken schütteln. Ein paar Spitzen der Minze abzupfen und beiseite stellen, den Rest in feine Streifen schneiden. Die Minzstreifen mit dem Joghurt vermischen und mit Salz, Pfeffer und Zitronensaft abschmecken.

5 Für die Füllung die Granatapfelkerne aus den Kammern lösen. Die Paprikaschoten waschen, trocknen

und halbieren. Die Kerne und weißen Trennhäute entfernen, die Schoten in ca. 5 cm breite Stücke schneiden. Etwas Öl in einer Pfanne erhitzen und die Paprikaschoten darin mit der Hautseite einlegen und leicht anbraten, dann bei niedriger Hitze garen. Die Granatapfelkerne und 2 EL Joghurt unterrühren.

6 Die dünnen Auberginescheiben einzeln nebeneinander auflegen, etwas von der Füllung darauf geben und Röllchen herstellen. Etwas von der Füllung beiseite stellen.

7 Den Friséesalat waschen, trocknen und mit etwas Olivenöl und Zitronensaft marinieren. Den Minzjoghurt auf Tellern anrichten, jeweils eine dicke Auberginenscheibe darauf setzen. Die Röllchen darauf und die restliche Füllung darüber verteilen. Mit dem Friséesalat und den Minzspitzen garnieren.

Gemüse
Reichenau

Gemüse
Reichenau®

Gemüse von der Reichenau

FRISCH, KNACKIG, LECKER

Beim Gemüseeinkauf zählen Herkunft, Qualität und Frische der Produkte. Dafür garantiert die Erzeugerorganisation Reichenau-Gemüse eG. Die Basis des Gemüseanbaus auf der Insel Reichenau und dem Festland bilden die Familienbetriebe. Diese liefern das behutsam geerntete und sorgfältig verpackte Gemüse in der Vermarktungshalle ab, dort wird es auf Qualität streng geprüft, kommissioniert und täglich mit modernen Kühllastwagen vorwiegend im süddeutschen Raum ausgeliefert. Mutter Natur meint es gut mit der Insel Reichenau: die Insellage, viel Sonne, gepaart mit Professionalität, ermöglichen es den Betrieben, ein vielfältiges Sortiment auf höchstem Niveau zu produzieren, das Auge, Herz und Gaumen gleichermaßen erfreut.

Couscousbällchen

mit Wassermelone, Joghurt und Haselnuss-Minz-Vinaigrette

Für die Couscousbällchen

150 g Couscous
200 g Gemüsebrühe
½ rote Paprikaschote
½ gelbe Paprikaschote
1 Frühlingszwiebel
80 g Staudensellerie
60 g Zucchini
½ kleine Chilischote
100 g Doppelrahmfrischkäse
2 Eigelbe
1 EL Schnittlauchröllchen
1 Msp. Currypulver
Mehl zum Panieren
2 Eier zum Panieren
Semmelbrösel zum Panieren
Öl zum Frittieren

Für die Wassermelone

900 g Wassermelone
30 g Haselnüsse
3-4 Zweige Minze
40 g Aceto balsamico bianco
20 ml Gemüsefond
100 ml Haselnussöl
Zitronensaft
1 Prise Zucker

Für den Joghurt

125 g griechischer Naturjoghurt
Zitronensaft
Cayennepfeffer

1 Den Gemüsefond aufkochen lassen, den Couscous einrühren und ca. 10 Min. lang quellen lassen.

2 Das Gemüse waschen und abtrocknen. Von den Paprikaschoten die weißen Trennwände und Kerne entfernen und die Schoten schälen. Die Frühlingszwiebel putzen, das Dunkelgrüne entfernen. Den Staudensellerie schälen. Paprikaschoten, Sellerie sowie Zucchini in kleine Würfel schneiden. Die Frühlingszwiebel in feine Ringe schneiden. Die Chilischote entkernen und ebenfalls klein würfeln. Das Gemüse zum Couscous geben.

3 Den Frischkäse und Eigelbe sowie den Schnittlauch unter das Couscous rühren. Die Schnittlauchröllchen und das Currypulver hinzugeben und alles gut durchmischen. Mit Salz und Pfeffer abschmecken. Aus der Masse Kugeln von ca. 3 cm Durchmesser formen.

4 Die Eier verquirlen. Eier, Mehl und Paniermehl jeweils in einem tiefen Teller bereitstellen. Die Kugeln zuerst im Mehl wälzen, dann durch die Eier ziehen und zum Schluss zu den Bröseln geben. Die Brösel vorsichtig etwas andrücken.

5 Das Öl in einem weiten Topf erhitzen (es ist heiß genug, wenn von einem ins Öl gehaltenen Holzlöffel Bläschen aufsteigen). Die Bällchen im heißen Öl goldbraun ausbacken, herausnehmen und auf Küchenpapier abtropfen lassen. Leicht salzen.

Außerdem

Salz
Pfeffer aus der Mühle
etwas Rucola

6 Von der Wassermelone die Schale sowie die Kerne entfernen. Dann die Wassermelone in Stücke von ca. 1,5 x 4 cm schneiden. Eine beschichtete Grillpfanne erhitzen und die Wassermelonen damit leicht angrillen (oder die Wassermelone auf einem Holzkohlegrill leicht angrillen).

7 Für die Vinaigrette die Haselnüsse grob hacken und kurz in einer Pfanne ohne Öl anrösten. Die Minze waschen, trocken schütteln, abzupfen und die Blätter in feine Streifen schneiden. Den Essig und den Gemüsefond mit einem Schneebesen vermischen und das Öl unter ständigem Rühren einlaufen lassen. Die Vinaigrette mit Salz, Pfeffer und Zitronensaft abschmecken und die Haselnüsse sowie die Minze zum Schluss unterrühren.

8 Den Joghurt mit Zitronensaft und Cayennepfeffer glatt rühren, mit Salz und Pfeffer abschmecken.

9 Den Joghurt auf 4 Teller verteilen. Die Wassermelone dazu anrichten und die Vinaigrette darüber verteilen. Die Couscousbällchen darauf setzen und alles mit Rucola garnieren.

Seegut Eisl

SCHAFPRODUKTE PAR EXCELLENCE

Das Seegut Eisl ist ein Traditionsbauernhof am Wolfgangsee, der durch die Familie Eisl seit 1490 nachhaltig bewirtschaftet wird. Vor ca. 30 Jahren wurde der Betrieb von Rinderhaltung auf Milchschafhaltung mit angeschlossener handwerklicher Hofkäserei umgestellt. Erzeugt werden naturbelassene Qualitätsprodukte aus 100% Schafmilch nach eigener Kreation, sorgfältig und handwerklich hergestellt mit Bio-Zertifikat. Die Lämmer weiden den Sommer über auf der eigenen Alm. Die rund 140 Milchschafe ernähren sich während der gesamten Vegetationszeit vorwiegend von frischem Gras, was zu besonders frisch schmeckendem feinen Käse und sahnig mildem Joghurt führt.

Sepp und Christine Eisl haben mit ihren Bio-Wolfgangsee Schaffrischkäsen und Bio-Wolfgangsee Schafmilch-Joghurts eine Vielzahl verschiedenster internationaler Qualitätsauszeichnungen erhalten. Neben den Wolfgangsee Schaffrischkäserollen »«Natur« oder mit verschiedenen »Bio-Kräutern und Gewürzen« ist die Dessertvariante »honigsüß« mit Mandel oder Zimt besonders erwähnenswert.

Die Produkte sind in Spezialitäten- und Feinkostgeschäften (z.B. Feinkost Käfer München) sowie in Häusern der Top-Gastronomie und Top-Hotellerie zu finden. Ab Ende November wird die Milchproduktion eingestellt um den Schafen die Zeit zu geben, sich ganz auf die Geburt ihrer Lämmer im Februar und März vorzubereiten. Die Schafmilchspezialitäten vom Seegut Eisl sind daher nur saisonal von Ende Februar bis Ende November erhältlich. Dann aber auch in den Käfer Regalen.

Spinat-Pomelo-Salat

mit getrockneten Tomaten und Oliven

Zutaten

350 g Babyspinat
2 Pomelos
80 g getrocknete Tomaten
40 g schwarze Oliven, entsteint
150 ml Olivenöl
Saft von ½ Zitrone
½ kleine Chilischote
Zucker
Salz
Pfeffer aus der Mühle

1 Den Spinat putzen, waschen und trocknen. Die Pomelos filetieren: Die Schale erst am oberen und unteren Ende, dann an den Seiten entfernen, sodass das Fruchtfleisch sichtbar wird. Nun die einzelnen Filets herausschneiden. Die übrige Pomelo auspressen und den Saft durch ein Sieb passieren. Aus diesem Saft mit dem Olivenöl, Zitronensaft, Salz und Pfeffer eine Vinaigrette rühren. Die Chilischote waschen, entkernen, klein schneiden und die Chilistückchen unter die fertige Vinaigrette rühren.

2 Die Oliven vierteln, die getrockneten Tomaten grob schneiden. Den Spinat, Tomaten, Oliven und Pomelo in eine große Schüssel geben. Die Vinaigrette darüber geben und den Salat nochmals abschmecken.

Château d'Estoublon

DIE KUNST, EINE GEGEND ZU VEREDELN

Das Château wurde 1998 von der Familie Schneider erworben und seit dem Kauf streben sie danach, Weine, Olivenöl und Essige von höchster Qualität herzustellen. Die Oliven für das Öl stammen aus der eigenen Plantage, die über 6700 Olivenbäume beheimatet. Sie ist damit die größte Anbaufläche im Vallée des Baux de Provence und dort eine der wenigen, die nach dem fatalen Frost von 1956 wieder neu bepflanzt wurde. Der Anbau und die Verarbeitung der Oliven erfolgen nach den Grundsätzen der biologischen Landwirtschaft und geschehen ausschließlich von Hand. Die erste Flasche wurde 1999 abgefüllt und seitdem steigt die Nachfrage immer mehr. Durch die mittlerweile lange Erfahrung werden nur äußerst hochwertige Öle hergestellt, die jedoch regelmäßig und weltweit zu den Besten gekürt werden.

Der ohne jegliche Zusätze in Holzfässern gereifte Rotweinessig stammt von uralten Weinreben, die durch ihren sinnlichen Geschmack bestechen.

Gegrillte Tomaten

mit Mozzarella, Noriblättern und Aprikosenespuma

Für den Aprikosenespuma

1 Blatt Gelatine
200 g Aprikosenmark
1 EL Zucker
100 g Eiweiß (von 3–4 Eiern)

Für den Salat

8 Strauchtomaten
250 g Mini-Mozzarellakugeln
Zucker
Aceto balsamico bianco
2 Stängel Basilikum
Olivenöl

Für die Noriblätter

1 Noriblatt
1 EL Sojasauce
Öl zum Frittieren

Für die Wildkräuter

40 g gemischte Wildkräuter
Olivenöl
Zitronensaft

Außerdem

Salz
Pfeffer aus der Mühle
Espumaflasche

1 Das Gelatineblatt in Wasser einweichen. Das Aprikosenmark mit dem Zucker erwärmen, sodass dieser sich auflöst. Die Gelatine hinzugeben und auflösen. Den Topf von der Platte nehmen, das Eiweiß einrühren und alles durch ein Sieb passieren. Die Masse in eine Espumaflasche füllen, 2 Patronen aufschrauben, kräftig schütteln. Für mindestens 6 Std. kühlen.

2 Die Tomaten waschen und quer halbieren. Den Grill anfeuern und die Tomaten mit der Schnittfläche nach unten auf den heißen Rost oder die Grillplatte legen. 30–45 Sek. angrillen, umdrehen und nochmals für 30–45 Sek. grillen (alternativ eine Grillpfanne verwenden). Die Tomaten in mundgerechte Stücke schneiden. Die Mozzarellakugeln abgießen, abtropfen lassen und hinzugeben. Alles mit Salz, Pfeffer, Zucker, Balsamico und Olivenöl würzen und abschmecken. Basilikum waschen, trocken schütteln, die Blätter abzupfen und in feine Streifen schneiden. Den Basilikum unter den Salat heben.

3 Das Noriblatt vierteln und mit der Sojasauce einpinseln. Das Öl auf ca. 170 °C erhitzen (es ist heiß genug, wenn von einem ins Öl gehaltenen Holzlöffel Bläschen aufsteigen) und die Noriblätter darin knusprig frittieren. Auf Küchenpapier abtropfen lassen.

4 Die Wildkräuter waschen, trocken schütteln und mit etwas Olivenöl, Zitronensaft und Salz marinieren. Den Tomatensalat auf tiefe Teller verteilen, mehrere Tupfen Aprikosenschaum darauf setzen. Die Wildkräuter darauf verteilen. Die Noriblätter in kleinere Stücke brechen und den Salat damit garnieren.

Crostinis

mit Apfel-Sellerie-Salat und Schafskäse

Für den Salat

120 g Knollensellerie
1 Apfel
1 Eigelb
Aceto balsamico bianco
Zitronensaft
100 ml Sonnenblumenöl
3-4 Zweige Orangenminze
50 g schnittfester Schafskäse
30 g Macadamianüsse
Salz
Pfeffer aus der Mühle

Für die Crostini

1 Knoblauchzehe
1 kleiner Zweig Thymian Olivenöl
8 Scheiben Baguette nach Belieben (z.B. Malzbrot)

Außerdem

Gartenkresse

1 Sellerie und Apfel schälen und beides in feine Streifen schneiden. In einem weiten Topf Wasser mit Salz zum Kochen bringen. Die Selleriestreifen darin kurz blanchieren, danach in kaltem Wasser abschrecken und auf Küchenpapier trocknen lassen.

2 Eigelb salzen und pfeffern, je einen Spritzer Essig und Zitronensaft untermischen. Gut durchrühren und unter ständigem Rühren das Öl langsam einlaufen lassen, sodass eine Mayonnaise entsteht.

3 Die Orangenminze waschen, trocken schütteln, die Spitzen abzupfen und beiseite stellen. Die restlichen Blätter abzupfen und in feine Streifen schneiden. Den Schafskäse in ca. 1 cm große Würfel schneiden. Die Maccadamianüsse grob hacken und in einer Pfanne ohne Öl kurz anrösten. Die Mayonnaise mit den Apfelstreifen, Selleriestreifen sowie den Nüssen, Schafskäse und der Minze vermischen. Alles mit Salz und Pfeffer abschmecken.

4 Den Knoblauch leicht andrücken, Thymian waschen und trocken schütteln. Etwas Öl in einer Pfanne erhitzen und die Brotscheiben darin mit dem Thymian und Knoblauch von beiden Seiten goldbraun rösten. Das Brot aus der Pfanne nehmen und auf Küchenpapier abtropfen lassen.

5 Die Brotscheiben auf einer Platte anrichten: Den Salat gleichmäßig auf den Brotscheiben verteilen und mit Gartenkresse und den Minzspitzen garnieren.

Poilâne

Gebackene Steinpilze

mit Ciprianisauce und Kräutern

Für die Ciprianisauce

1 Eigelb
1 EL Senf
Weißweinessig
200 ml Öl
1 Bio-Zitrone
Worcestershiresauce

Für die Pilze

100 g glatte Petersilie
200 g Semmelbrösel
800 g Steinpilze
Zitronensaft
5 Eier
2 EL Sahne
150 g Mehl
600 g Butterschmalz

Außerdem

Salz
schwarzer Pfeffer aus der Mühle

1 Das Eigelb mit dem Senf, einem Spritzer Essig sowie Salz und Pfeffer verrühren. Das Öl unter ständigem Rühren langsam einlaufen lassen, sodass eine Mayonnaise entsteht. Die Zitrone waschen und trocknen. Die Schale fein in die Sauce reiben, und die Sauce mit etwas Zitronensaft sowie der Worcestershiresauce abschmecken.

2 Die Petersilie waschen, trocken schütteln und abzupfen. Die Petersilienblätter mit 100 g Bröseln im Blitzhacker fein mixen. Die Steinpilze putzen und in ca. 1,5 cm dicke Scheiben schneiden (kleine Pilze ggf. nur halbieren). Die Pilze mit Salz, Pfeffer und etwas Zitronensaft würzen.

3 Die Eier mit der Sahne verquirlen. Mehl, Eiersahne und grüne Brösel jeweils in einem tiefen Teller bereitstellen. Die Hälfte der Steinpilze zuerst in Mehl wälzen, in den Eiern wenden und dann zu den grünen Bröseln geben und diese leicht andrücken.

4 Das Butterschmalz auf 170 °C erhitzen (es ist heiß genug, wenn von einem ins Fett gehaltenen Holzlöffel Bläschen hochsteigen). Die Steinpilze darin für 2–3 Min. backen und im Anschluss auf Küchenpapier abtropfen lassen. Leicht salzen.

5 Die gebackenen Steinpilze auf einem Teller anrichten, die Sauce extra dazu reichen.

Weinempfehlung

Gebackene Steinpilze

Blanc de Blancs Clos Mireille

Domaine Ott

Provence, Frankreich

Die Cuvée aus den Rebsorten Sémillon und Rolle stammt aus der bekannten und beliebten französischen Region, der Côte d'Azur! Seine Frische, Mineralität und sein mediterraner Charakter gesellen sich hervorragend zu diesem würzigen Steinpilzgericht.

Artischocken

im Brot-Salzteig mit Gremolata-Dip

Für die Artischocken

440 g Mehl (Type 405)
2 EL Kräuter der Provence
300 g grobes Meersalz
100 g feines Kochsalz
2 Eigelbe
4 große Artischocken (je ca. 450 g)

Für den Gremolata-Dip

250 g Joghurt
1 Bio-Orange
1 Bio-Zitrone
½ Bund Petersilie
1 Knoblauchzehe
4 EL Olivenöl

Außerdem

Salz
Pfeffer aus der Mühle
Mehl zum Arbeiten
Backpapier

1 Für den Teig Mehl, Kräuter, Salzsorten, Eigelbe und 260 ml lauwarmes Wasser in einer Küchenmaschine zu einem Teig rühren. Diesen in Klarsichtfolie einwickeln und mindestens 3 Std. ruhen lassen.

2 Den Backofen auf 200 °C vorheizen. Die Artischocken waschen, den Strunk entfernen. Den Teig vierteln. Die Arbeitsfläche mit etwas Mehl bestäuben und jedes Teigstück zu einem ca. 2 cm dicken Fladen ausrollen. Jeweils eine Artischocke auf einen Fladen setzen und so in den Teig einpacken, dass er eng und fest anliegt. Dabei dürfen keine Löcher einreißen.

3 Die Artischockenpäckchen auf ein mit Backpapier belegtes Backblech setzen und dieses in den Ofen schieben. Die Artischocken in 80–90 Min. garen.

4 Für den Dip Orange und Zitrone heiß waschen und abtrocknen. Von beiden Früchten Zesten abziehen (oder die Schale abreiben). Die Petersilie waschen, trocken schütteln und fein hacken. Die Knoblauchzehe schälen und fein hacken. Joghurt, Orangen- und Zitronenschale, Petersilie, Knoblauch und Olivenöl in einer Schüssel verrühren und den Dip mit Salz und Pfeffer abschmecken.

5 Die Artischocken aus dem Ofen nehmen und ca. 5 Min. abkühlen lassen. Dann den Teig mit Hilfe eines Sägemessers lösen und die Artischocken auspacken. Die noch warmen Artischocken vorsichtig halbieren und das Heu entfernen. Zum Verzehr die Blätter einzeln von außen nach innen lösen und in den Dip eintunken.

Weinempfehlung
Artischocken

Lustau Sherry Manzanilla Papirusa

Emilio Lustau

Solera Reserva - very dry
(15 % Vol. Alk.)
Jerez, Spanien

Einen passenden Wein zu Artischocken zu wählen, ist keine leichte Sache. Dieser trockene Sherry bildet mit seiner Ausgewogenheit, seiner dezenten Fruchtaromatik und mit den Aromen nach Salzmandeln und Trockenobst das passende Pendant dazu. Ausprobieren!

LUSTA
LUSTAU
AU

LUSTAU

Emilio Lustau

SHERRY AUS DEM SONNIGEN SÜDEN SPANIENS

Emilio Lustau fand 1896 im sonnig-warmen Andalusien ausgezeichnete Voraussetzungen für seine Sherry-Vinifizierung. Aus wenigen Hektar wurden heute 200 Hektar Weinberge. Das noch immer familiengeführte Unternehmen besitzt eine Auswahl an über 20 verschiedenen Sherrys, die besonders beliebt als Apértif, zu Tapas und exotischen Gerichten sind.

Nach Abschluss der Gärung wird der Wein mit Branntwein verstärkt. Fino und Manzanilla besitzen einen Alkoholgehalt von 15% vol. und reifen natürlich durch die Bildung eines Hefeflors auf der Oberfläche des Weines. Dieser Flor schützt den Wein vor Luft und Oxidation. Ganz anders bei einem Oloroso, bei dem bei einem Alkoholgehalt von ca. 17% kein Flor entsteht. Der Wein kommt in Kontakt mit Luft und erhält dadurch sein typisches Aroma. Wichtig zur Reifung ist das Solerasystem. Mehrere Holzfässer stehen übereinander und sind mit Sherry der gleichen Sorte in unterschiedlichen Reifestadien gefüllt. Der Sherry wird für den Verbrauch aus der untersten Reihe entnommen und von den darüber liegenden Fässern wieder aufgefüllt. So wird eine gleichbleibende Qualität gewährleistet.

Safran-Gemüse-Tempura

mit dreierlei Dip

Für die Cocktailsauce

200 ml Orangensaft
50 ml Brandy
2 Eigelbe
2 EL Senf
Weißweinessig
Zitronensaft
300 ml Öl
100 g Ketchup
30 g frischer Meerrettich

Für den Avocadodip

1 reife Avocado
¼ reife Banane
50 g Joghurt
Saft und Abtrieb von einer ½ Bio-Limette
1 Stängel Koriandergrün
Cayennepfeffer

Für den Sesam-Sauerrahmdip

200 g Sauerrahm
1 TL geröstetes Sesamöl
1 EL Sesamsaat

Für den Tempurateig

200 g Mehl
200 g Speisestärke
1-2 EL Sesamöl
1 g Safranpulver
Cayennepfeffer

1 Orangensaft und Brandy in einem Topf aufkochen, auf die Hälfte reduzieren und auskühlen lassen. Die Eigelbe mit dem Senf, Essig, Salz und Pfeffer verrühren. Das Öl unter ständigem Rühren langsam einlaufen lassen, sodass eine Mayonnaise entsteht. Mit dem Zitronensaft abschmecken. Ketchup, die Orangensaft-Reduktion sowie den Meerrettich zur Mayonnaise geben, gut durchrühren und ganz nach Geschmack nachwürzen.

2 Die Avocado halbieren, den Kern entfernen und das Avocadofleisch herauslöffeln. Das Avocadofleisch mit dem Joghurt und der Banane fein pürieren. Limettenschale sowie Saft hinzugeben, salzen und pfeffern. Das Koriandergrün waschen, trocken schütteln, in feine Streifen scheiden und unterrühren.

3 Für den Sesamdip Sauerrahm, Sesamöl und Sesamsaat glatt rühren und den Dip kräftig mit Salz und Pfeffer abschmecken.

4 Für den Teig Mehl, Stärke, Sesamöl, Safran sowie Cayennepfeffer in eine Schüssel geben. Dann unter kräftigem Rühren so viel Wasser dazugeben, bis ein leicht dickflüssiger, glatter Teig entsteht. Der Teig sollte bei Gebrauch auf dem Gemüse haften bleiben.

5 Das Gemüse waschen und trocknen. Die Paprika halbieren, weiße Trennwände und Kerne entfernen und die Paprika in ca. 1 cm dicke Streifen scheiden. Den Zucchino in ca. ½ cm dicke Scheiben schneiden. Blumenkohl und Broccoli vom Strunk befreien und in größere Rösschen zerteilen. Die Mini-Karotten schä-

Für das Gemüse

1 rote Paprikaschote
1 gelbe Paprikaschote
1 kleiner Zucchino
¼ Kopf Blumenkohl
¼ Kopf Broccoli
12 Karotten
4 Frühlingszwiebeln
8 Shiitake-Pilze

Außerdem

Salz
Pfeffer aus der Mühle
Zitronensaft
Eiswasser
Fett zum Frittieren

len, dabei etwas vom Grün dran lassen. Die Frühlingszwiebel putzen, das Dunkelgrüne entfernen. Von den Pilzen den Stiel entfernen.

6 Reichlich Wasser mit Salz zum Kochen bringen. Blumenkohl, Broccoli, Karotten und Frühlingslauch darin nacheinander leicht bissfest blanchieren und in kaltem Wasser abkühlen. Herausnehmen und auf einem Küchenpapier trocknen.

7 Das Öl in einem Topf auf 170 °C erhitzen (es ist heiß genug, wenn an einem ins Öl gehaltenen Holzlöffel Bläschen aufsteigen). Das Gemüse durch den Teig ziehen und vorsichtig ins heiße Fett geben. Dazu verwendet man am besten eine Fleischgabel, längere Spicknadel oder einen Holzspieß. Wichtig ist, dass das Gemüse für einige Sekunden auf der Fleischgabel anfrittiert wird und dann frei im Öl schwimmt. So wird vermieden, dass das Gemüse auf den Topfboden sinkt und festklebt. Das goldbraune, knusprige Gemüse aus dem Fett nehmen, auf Küchenpapier abtropfen lassen und salzen.

8 Das fertige Gemüse auf einem großen, vorgewärmten Teller anrichten. Die Dips in Schüsseln füllen und dazu reichen.

Miasa Safran

DAS TEUERSTE GEWÜRZ DER WELT

Miasa ist Importeur, Händler und Veredler von hochwertigem Safran aus dem persischen Teil der Chorasan-Region. Das Berliner Startup wurde 2010 von Michael Sabet und Jasper Emeis gegründet und arbeitet mit einem leistungsstarken internationalen Team an innovativen Gourmet-Produkten für die MIASA Fan-Gemeinde.

Jahrhundertkoch Eckart Witzigmann wird als offizieller Markenbotschafter für noch mehr Bekanntheit der Gourmet-Produkte von MIASA sorgen. Für ihn hat Produktqualität oberste Priorität. Und so überzeugte ihn die unvergleichbar hohe Qualität des Miasa Safrans und die modernen Premiumprodukte. »Miasa gelingt es, mit magischen Gourmet-Produktionen einen Hauch an Luxus auf die Tische zu zaubern. Ich bin gern Botschafter für dieses einzigartige Konzept, um Miasa Safran in die renommierten Sterne-Küchen und nobelsten Restaurants weltweit zu tragen.«

Gnocchi-Eintopf

mit Gemüse und Kartoffel

Für den Kartoffelfond

900 g mehligkochende Kartoffeln
½ weiße Zwiebel
1 kleine Knoblauchzehe
1 kleiner Zweig Thymian
1 Zweig Majoran
60 g Butter
½ Lorbeerblatt
2 l Gemüsefond

Für die Gemüseeinlage

je nach Saison:
1 mittelgroße Karotte
120 g Knollensellerie
1 Stange Staudensellerie
150 g grüner Spargel
120 g grüne Bohnen
150 g Broccoli
150 g Blumenkohl
200 g mehligkochende Kartoffeln

Für die Gnocchi

300 g mehligkochende Kartoffeln
50 g Butter
1 Eigelb
1 EL Parmesankäse, gerieben
120 g Mehl
30 g Speisestärke
Muskatnuss

Außerdem

Salz
Pfeffer aus der Mühle
Mehl zum Arbeiten
4 EL fein geschnittene Kräuter

1 Für den Fond die Kartoffel waschen, schälen und in dünne Scheiben schneiden. Die Zwiebel schälen und in feine Streifen schneiden. Die Knoblauchzehe schälen. Die Kräuter waschen und trocken schütteln. Die Butter in einem Topf erhitzen, die Kartoffeln, Zwiebeln und Knoblauch darin andünsten (Die Butter sollte dabei nicht braun werden). Das Ganze mit Salz und Pfeffer würzen, die Kräuter hinzugeben und den Gemüsefond angießen. Alles aufkochen und ca. 1,5 Std. langsam köcheln lassen. Währenddessen öfters umrühren und dabei mit einem Schneebesen die Kartoffeln zerstoßen. Nach Ende der Garzeit die Suppe durch ein Sieb passieren und evtl. nachwürzen.

2 Für die Einlage das Gemüse waschen und trocknen. Karotte, beide Selleriesorten sowie die Kartoffel schälen und in ca. 1 cm große Würfel schneiden. Die Kartoffelwürfel in Wasser beiseite stellen. Die Enden vom Spargel abschneiden, den Spargel zu ⅔ schälen und bis auf die Spitzen in ca. 1 cm große Stücke schneiden. Die Bohnen putzen und ebenfalls in Stücke schneiden. Broccoli und Blumenkohl jeweils in kleine Röschen teilen.

3 Reichlich Wasser mit etwas Salz zum Kochen bringen. Staudensellerie, Spargel, Bohne, Broccoli sowie Blumenkohl darin separat leicht bissfest blanchieren und in kaltem Wasser abkühlen. Im Anschluss auf Küchenpapier trocknen.

4 Für die Gnocchi die Kartoffeln kochen und schälen. Ausdampfen lassen und zweimal durch die Kartoffelpresse drücken. 20 g Butter schmelzen und zusam-

men mit dem Eigelb zu den Kartoffeln geben. Parmesan dazugeben, alles durchmischen und 5 Min. ruhen lassen. Nun das Mehl sowie die Stärke einarbeiten und den Gnocchiteig kräftig mit Salz und Muskat abschmecken

5 Auf einer leicht bemehlten Arbeitsfläche aus dem Kartoffelteig ca. 1,5 cm dicke Rollen formen und diese in ca. 3 cm dicke Scheiben schneiden. Die Scheiben mit Hilfe einer Gabel (oder Gnocchibrett) zu Gnocchi formen. Reichlich Wasser mit Salz zum Kochen bringen und die Gnocchi darin für 3–4 Min. garziehen lassen. Herausnehmen und abtropfen lassen. Die restliche Butter in einer Pfanne erwärmen und die Gnocchi darin leicht bräunen.

6 Den Kartoffelfond aufkochen lassen. Die vorbereiteten Kartoffeln, Karotten sowie Sellerie hineingeben und in ca. 5 Min. bissfest darin kochen. Nun das restliche Gemüse hineingeben, kurz köcheln lassen. Zum Schluss die angebratenen Gnocchi sowie Kräuter hineingeben. Den Fond evtl. noch einmal abschmecken und im Topf mit heißen, tiefen Tellern servieren.

Marinierter Kopfsalat

mit Caesar-Dressing und Pfifferlingen

Für die Chili-Orangen

4 Orangen
1 Zweig Thymian
2 TL Zucker
½ g Chilifäden

Für das Dressing

130 g Joghurt
1 EL Aceto balsamico bianco
1 EL Sherryessig
70 g Parmesan
2 EL Traubenkernöl
1 EL mittelscharfer Senf
50 ml kalter Gemüsefond

Für die Pfifferlinge

400 g kleine Pfifferlinge
½ Bund Schnittlauch
1 Zweig Thymian
1 Schalotte
50 g Butter

Außerdem

6 Kopfsalatherzen
1 Beet Gartenkresse
70 g Parmesan
Salz
Pfeffer aus der Mühle

1 Für die Chili-Orangen die Orangen schälen, sodass Schale und weiße Haut entfernt sind. Dann die einzelnen Filets herausschneiden. Den Rest auspressen, durch ein Sieb streichen und beiseite stellen. Den Thymian waschen und trocken schütteln. Den Zucker in einem Topf karamellisieren. Mit dem Orangensaft ablöschen. Chilifäden sowie Thymian dazugeben. Alles ca. 3 Min. köcheln, dann auskühlen lassen und den Thymian entfernen. Die Filets in den kalten Fond geben und für ca. 1 Std. marinieren.

2 Für das Dressing den Parmesankäse reiben. Dann alle Zutaten in eine Schüssel geben, gut verrühren und mit Salz und Pfeffer abschmecken.

3 Die Pfifferlinge gründlich putzen. Die Kräuter waschen, trocken schütteln und den Schnittlauch in Röllchen schneiden. Die Schalotte schälen und fein würfeln. Die Butter in einer Pfanne erhitzen und die Pilze darin schwenken. Die Schalottenwürfel und den Thymian hinzugeben. Salzen und pfeffern, den Thymian entfernen und den Schnittlauch dazu geben.

4 Vom Salat die äußeren Blätter entfernen und die Salatköpfe der Länge nach sechsteln. Dann die Spalten gründlich waschen und trocknen. Zum Anrichten mit einem Gemüseschäler von dem Käse dünne Späne schälen. Die Kopfsalatherzen mit dem Dressing marinieren, etwas pfeffern und auf einem längeren Teller nebeneinander anrichten. Die Pfifferlinge darauf platzieren, die Orangenfilets dazu anrichten, den Parmesankäse darüber verteilen und alles mit der Kresse garniert servieren.

Leben achten. Achtsam leben.
Auf diesem Bio-Wiesenmilch-Betrieb arbeiten unentbehrliche Bienen an einem intakten Ökosystem!
Bio
Wiesen
Milch
von Grund auf natürlich

Bio Wiesenmilch

VON GRUND AUF NATÜRLICH

Bio Wiesenmilch ist ein erfolgreiches Konzept der Kärntnermilch. Als einziges EMAS zertifiziertes Molkereiunternehmen in Österreich hat sich die Kärntnermilch bereits 1992 mit der Produktion von Biomilchprodukten im größeren Stil beschäftigt. Sie nimmt auf diesem Gebiet eine Vorreiterrolle ein und ist sich gemeinsam mit ihren Bauern bewusst, dass auch die biologische Landwirtschaft in ihrer Entwicklung nicht stehen bleiben kann. Bio Wiesenmilch Kühe bekommen im Sommer viel Grünfutter, im Winter viel konserviertes Wiesenfutter wie Heu oder Silage. Das schützt das Klima und senkt den Energieverbrauch. Eine gleichzeitige Reduktion in der Verfütterung von Kraftfutter wie Getreide führt zu einer deutlichen Erhöhung diese Effektes. Für Bio Wiesenmilch Betriebe ist die Weidehaltung verpflichtend. Sie schützen mit dieser besonderen Form der Milcherzeugung die Vielfalt von Gräsern, Kräutern, Blumen und wildlebenden Tieren, die in der Weide ihren Lebensraum finden. Die Bio Wiesenmilch ist ein Produkt mit dem Klimaschutz, Tierschutz und Schutz der Artenvielfalt aktiv betrieben wird. Dies ergibt für den Konsumenten neben dem einzigartigen Genuss einen klaren Zusatznutzen.

Kräuterknödel

mit Rahmschwammerl und Räuchertofu

Für den Fond

1,2 kg gemischte Pilze
1 kleine Zwiebel
10 cm Lauch
1 kleine Karotte
80 g Knollensellerie
½ Stange Staudensellerie
1 Tomate
1 Lorbeerblatt
2 Wacholderbeeren
10 weiße Pfefferkörner

Für die Knödel

1 Handvoll gemischte Kräuter (z.B. Kerbel, Petersilie, Schnittlauch)
1 kleine Zwiebel
40 g Butter
150 ml Milch
250 g Knödelbrot
1 Ei
2 Eigelbe
Mehl

Für die Rahmschwammerl

2 Schalotten
1 Knoblauchzehe
200 g Räuchertofu
40 ml Sonnenblumenöl
30 g Butter
100 ml Weißwein
50 ml weißer Portwein
200 g Sahne
1 Handvoll gemischte Kräuter (z.B. Petersilie, Kerbel, Schnittlauch)
Zitronensaft

1 Für den Fond die Pilze putzen, mit einem feuchten Tuch abwischen und für die Rahmschwammerl beiseite stellen. Die Pilzabschnitte sowie das andere Gemüse waschen, in Stücke schneiden und in einem Topf geben. 1 l Wasser, Lorbeerblatt, Wacholderbeeren und Pfefferkörner hinzugeben, aufkochen und auf kleiner Hitze ca. 30 Min. köcheln lassen. Im Anschluss erst durch ein feines Sieb, dann durch ein Passiertuch passieren und auf ca. 200 ml einkochen lassen. Mit Salz und Pfeffer abschmecken.

2 Für die Knödel die Kräuter waschen und trocken schütteln. Die Zwiebel schälen und klein scheiden. Die Butter in einer Pfanne erhitzen und die Zwiebel darin andünsten. Vom Herd nehmen, die Milch dazugießen und etwas auskühlen lassen. Dann das Knödelbrot in eine Schüssel geben und die Milch darüber gießen, Eier, Eigelbe und Kräuter dazugeben, gut durchmischen und mit Salz und Pfeffer abschmecken. Aus der Masse Knödel formen, den Teig evtl. mit etwas Mehl binden. Reichlich Wasser mit Salz zum Sieden bringen. Die Knödel darin auf kleiner Hitze in ca. 10 Min. garziehen lassen.

3 Die Pilze Stücke schneiden. Die Schalotten und den Knoblauch schälen und fein würfeln. Den Tofu in ca. 5 mm große Würfel scheiden. Das Öl in einer Pfanne erhitzen und die Pilze ca. 5 Min. bei großer Hitze anbraten. Butter, Schalotten, Knoblauch, Tofu hinzugeben und kurz mitbraten. Mit Salz und Pfeffer abschmecken. Weißwein und Portwein angießen und ca. 3 Min. einkochen lassen. Mit dem Pilzfond auffüllen und aufkochen lassen. Die Sahne schlagen und

Außerdem

Salz
Pfeffer aus der Mühle
Muskatnuss
Kräuter zum Garnieren

unterrühren. Die Kräuter waschen, trocken schütteln, hacken und unterrühren. Mit Salz, Pfeffer und Zitronensaft abschmecken.

4 Die Rahmschwammerl in tiefe, vorgewärmte Teller verteilen und die fertigen Knödel dazu anrichten.

Weinempfehlung

Kräuterknödel

Trollinger

Grafen Neippberg

Württemberg, Deutschland

Die Leidenschaft von Graf Neippberg ist der Wald und der Wein. Eine tolle Kombination also zu den Schwammerln und dem Räuchertofu. Etwas Kirsche, Zimt und ein dezent rauchiges Aroma.

Feine Tagliolini

mit Trüffel und Parmesansauce

Für die Sauce

60 g Schalotten
2 Knoblauchzehen
1 kleiner Zweig Thymian
30 g Butter
150 ml Weißwein
1 l Gemüsefond
500 ml Sahne
1-2 TL Speisestärke
40 g Crème fraîche
60 g Parmesan
Salz
weißer Pfeffer aus der Mühle
Cayennepfeffer

Für die Tagliolini

400 g frische Tagliolini
60 g Butter
3 EL Olivenöl
Salz
Muskatnuss
frischer Trüffel nach Belieben

1 Schalotten und Knoblauch schälen und klein schneiden. Thymian waschen und trocken schütteln, die Blättchen abzupfen. Die Butter in einem Topf erhitzen. Schalotten und Knoblauch darin andünsten, den Thymian hinzugeben und den Weißwein angießen. Auf ein Drittel einköcheln lassen. Den Gemüsefond angießen und auf die Hälfte einkochen lassen. Nun die Sahne hinzufügen und ca. 10 Min. langsam köcheln lassen. Die Speisestärke mit 2 EL kalten Wasser verrühren und mit einem Schneebesen unter die Sauce rühren. Die Sauce durch ein Sieb passieren und nochmals erwärmen. Den Parmesankäse reiben und mit der Crème fraîche in die warme Sauce rühren. Mit Salz, Pfeffer und Cayennepfeffer abschmecken.

2 Reichlich Wasser mit Salz zum Kochen bringen und die Pasta darin unter mehrmaligen Umrühren in 2-3 Min. al dente kochen. Durch ein Sieb abgießen, sodass ca. 150-200 ml Kochwasser im Topf bleiben. Die Butter, das Olivenöl sowie die Nudeln in das aufgehobene Kochwasser geben, mit Muskat würzen und einmal durchrühren.

3 Die Pasta auf vorgewärmte Teller anrichten, die heiße Sauce mit dem Pürierstab aufmixen und über die Nudeln verteilen. Zum Schluss frische Trüffel nach Belieben dünn über die Pasta hobeln.

Carma

Weinempfehlung

Tagliolini mit Trüffel

Le Volte dell'Ornellaia

Ornellaia

Toskana, Italien

Zu diesem Gold aus der Erde harmoniert ein kraftvoller und edler Tropfen am besten. Der Le Volte dell'Ornellaia, von einem der berühmtesten Weingüter aus der Toskana besitzt die Geschmeidigkeit der Merlot-, die Tiefe der Cabernet- und die Frucht und Würze der Sangiovese-Traube.

TENUTA DELL'ORNELLAIA
ORNELLAIA

ORNELLAIA

Ornellaia

SPITZENWEINE, LEGENDEN UND ABSOLUTER KULT

Kein Weingut kann schöner und malerischer liegen als Ornellaia im toskanischen Bolgheri. Nahe der Mittelmeerküste und eingebettet in Olivenbäume und Pinienwälder erzeugt dieses Gut vielfach ausgezeichnete Spitzenweine wie den bekannten »Ornellaia«, den kleinen Bruder »Le Serre Nuove dell'Ornellaia« und den Einstiegswein »Le Volte dell'Ornellaia«.

Seine Geschichte ist relativ jung und begann mit der Gründung durch Lodovico Antinori in 1981, der erste Ornellaia entstand 1985. Es wurden die klassischen französischen Bordeaux-Rebsorten gepflanzt: Cabernet Sauvignon, Cabernet Franc und Merlot. Mit der Zugabe von der toskanischen Traube Sangiovese kommt die gewisse Würze und Eleganz ins Spiel.

Bertinelli

VOM KÖNIG DES PARMESANS –ZUM HOCHWERTIGEN VEGETARISCHEN KÄSE »BVEGGIE«

Die Käserei Bertinelli aus der Emilia-Romagna ist ein kleiner Produzent, der täglich höchstens 20 Laibe in Handarbeit herstellt. Jede Milchkuh wird artgerecht gehalten und mit silofreiem Futter, ausschließlich mit natürlichem Gras und Heu ernährt. Ausnahmslos verwendet Bertinelli nur Milch, die die Tiere innerhalb der ersten 100 Tage nach der Kalbung abgeben. Die Milch ist besonders reich an Proteinen, süßlich und intensiv im Geschmack. Seit 1895 entsteht hier der berühmte Hartkäse Parmigiano Reggiano DOP.

Bertinellis neueste Produktlinie ist die Antwort auf die aufkommenden Marktbedürfnisse: Die Bveggie-Reihe eignet sich hervorragend für Vegetarier, da der Käse aus vegetarischem Lab hergestellt wird, außerdem ist dieser auch laktose-, gluten- und zuckerfrei. Für die Herstellung seiner Bveggie-Käse verwendet Bertinelli die gleiche Milch, wie bei seinem bekannten Parmigiano Reggiano. Hinzu kommen nur noch das vegetarische Lab und Salz.

Auf Grund seines mildem und mittelreifem Aromas harmoniert der Käse perfekt zu Pasta- und Risottogerichten.

Wurzelgemüsestrudel
mit Guacamole

Für das Gemüse

200 g Knollensellerie
2 mittelgroße Petersilienwurzeln
2 mittelgroße Karotten
2 mittelgroße gelbe Karotten
100 g Lauch
2 Stängel Koriandergrün
2 cm Ingwer
Sesamöl

Für den Strudel

3 Strudelteigblätter (aus dem Kühlregal)
2 Eigelbe
Sesamsaat

Für die Guacamole

2 reife Avocados
Saft von 1 Limette
1 kleine rote Chilischote
1 Knoblauchzehe
60 g Joghurt
2 Stängel Koriandergrün
Sesamöl
Cayennepfeffer

Außerdem

Salz
Pfeffer aus der Mühle

1 Sellerie, Karotten und Petersilienwurzel waschen und schälen. In ca. 7 cm lange Stücke schneiden und mit einem Gemüsehobel dünne Scheiben hobeln. Im Anschluss in Streifen schneiden. Den Lauch ebenfalls in 7 cm Stück schneiden, der Länge nach halbieren, waschen und in Streifen schneiden. Den Koriander waschen und trocken schütteln.

2 Einen großen Topf Wasser mit Salz zum Kochen bringen, das geschnittene Gemüse kurz darin blanchieren und im kalten Wasser abschrecken. Herausnehmen und auf Küchenpapier trocknen. Den Ingwer schälen und klein schneiden. Das blanchierte Gemüse in eine Schüssel geben, mit klein geschnittenem Ingwer, Koriander, Sesamöl sowie Salz und Pfeffer würzen. Alles gut durchmischen.

3 Den Backofen auf 180 °C vorheizen. Den Strudelteig in 7 cm breite und 10 cm lange Bahnen schneiden. Auf jedes Teigstück einen Teil des Gemüses geben, sodass das Gemüse genau mit dem Teigrand abschließt. Jeweils das Ende des Teiges mit Eigelb einpinseln. Dann die Teigstücke einrollen, sodass 2–3 cm dicke Rollen entstehen. Die Röllchen auf ein mit Backpapier belegte Backblech setzen, mit dem restlichen Eigelb bestreichen und mit dem Sesam bestreuen. Im vorgeheizten Backofen für ca. 30 Min. goldbraun backen.

4 Die Avocados halbieren, Kern entfernen und Fruchtfleisch herauslöffeln. Dieses klein würfeln, in eine Schüssel geben, sofort mit dem Limettensaft beträufeln und alles gut durchrühren. Die Chilischote halbieren und die Kerne entfernen, den Knoblauch

schälen. Beides klein schneiden und zur Avocado geben. Den Koriander waschen, trocken schütteln, die Blätter abzupfen und in Streifen schneiden. Den Joghurt mit dem Koriander unter die Acovado rühren unterrühren. Den Dip mit Salz, Sesamöl und Cayennepfeffer abschmecken.

5 Zum Servieren die heißen, knusprigen Röllchen auf einer vorgewärmten Platte anrichten. Die Guacamole extra dazu reichen.

Linseneintopf

mit gebackenen Süßkartoffeltaschen

Für den Linseneintopf

240 g Berglinsen
120 g Karotten
120 g Knollensellerie
120 g Süßkartoffeln
3 Schalotten
4 EL Olivenöl
1 EL Tomatenmark
100 ml Weißwein
je 1 kleiner Zweig Thymian und Rosmarin
1 Lorbeerblatt
10 weiße Pfefferkörner
1 Knoblauchzehe
750 ml Gemüsefond
2 EL Crème fraîche
40 g mittelscharfer Senf
1 Handvoll gemischte Kräuter (Schnittlauch, Petersilie, Liebstöckel)
Aceto balsamico

Für die Taschen

120 g Süßkartoffeln
120 ml Sahne
1 Eigelb
Mehl zum Panieren
2 Eier (M)
Semmelbrösel zum Panieren
Öl zum Frittieren

Außerdem

Salz
Pfeffer aus der Mühle

1 Die Linsen in reichlich Wasser für ca. 24 Std. einweichen. Dann durch ein Sieb abgießen und gründlich mit kaltem Wasser abspülen.

2 Die Karotten, Sellerie und Süßkartoffel schälen und in ca. 5 mm große Würfel schneiden. Die Schalotten schälen und fein würfeln. Das Olivenöl in einem Topf erhitzen. Die Schalotten und die Gemüsewürfel darin andünsten. Die Linsen sowie das Tomatenmark hinzugeben und leicht anrösten. Mit dem Wein ablöschen. Ein Gewürzsäckchen mit den Kräutern, Lorbeerblatt, weißem Pfeffer und Knoblauchzehe füllen und in den Topf geben. Den Gemüsefond angießen, aufkochen und ca. 45 Min. langsam köcheln lassen. Das Gewürzsäckchen entfernen. ¼ der Linsen herausnehmen, mit der Crème fraîche pürieren und wieder in den Topf geben. Senf hinzugeben, salzen und pfeffern, mit dem Essig abschmecken. Die Kräuter unterrühren waschen, trocken schütteln, hacken und unterrühren.

3 Für die Taschen die Süßkartoffeln schälen. Mit einem Gemüsehobel 16 dünne, runde Scheiben hobeln, den Rest kleinschneiden. Reichlich Wasser mit Salz zum Kochen bringen und die Scheiben 1 Min. blanchieren. Abschrecken und auf Küchenpapier trocknen. Die restliche Süßkartoffeln in der Sahne mit etwas Salz und Pfeffer weichkochen, durch ein Sieb abschütten und fein pürieren. Abschmecken und etwas auskühlen lassen. Mehl, Eier und Semmelbrösel zum Panieren bereitstellen. Die Ränder der Scheiben mit Eigelb bepinseln, das Püree in die Mitte verteilen und die Scheiben zu Halbmonden zusammen klappen. Diese zuerst in Mehl wälzen, durch die Eier ziehen und in

den Bröseln fertig panieren. Das Öl in einem Topf auf ca. 170 °C erhitzen (es ist heiß genug, wenn an einem ins Öl gehaltenen Holzlöffel Bläschen aufsteigen) und die Taschen darin goldbraun backen. Herausnehmen, auf Küchenpapier abtropfen lassen und leicht salzen.

4 Zum Servieren die Taschen auf Holzspieße aufstecken. Den Eintopf in vorgewärmte, tiefe Schüsseln verteilen und die Spieße darüber legen.

Quittenquiche

mit Pekannüssen und mariniertem Mizunasalat

Für den Teig

85g Mehl
40g weiche Butter
40g Quark
1 Ei (S)

Für die Füllung

30g Zucker
100ml Weißwein
300ml Apfelsaft
1 Stück Zitronengras (3cm)
2 Nelken
2 Pimentkörner
2 mittelgroße Quitten
1 große Kartoffel
30g Pekannusskerne
weißer Pfeffer aus der Mühle
gemahlene Chili
Muskatnuss
120g Sahne
3 Eigelbe

Für den Salat

40g gewaschener Mizunasalat
Zitronensaft
Olivenöl

Außerdem

Salz
Pfeffer aus der Mühle
Muskatnuss
Mehl zum Arbeiten
Butter für die Form
4 kleine Quicheformen (Ø 10cm)

1 Für den Teig aus Mehl, Butter, Quark, Ei und 1 Prise Salz einen glatten Teig kneten. Diesen in Klarsichtfolie einschlagen und für 1 Std. kühlen.

2 Für die Füllung den Zucker karamellisieren, mit Weißwein und Apfelsaft ablösen. Zitronengras, Nelken und Piment dazugeben und 3 Min. köcheln lassen. Die Quitten schälen und in ca. 5mm große Würfel schneiden. Diese sofort in den Sud geben, abdecken und in ca. 10 Min. leicht bissfest garen. Dann auskühlen lassen.

3 Die Kartoffel schälen und ebenfalls in ca. 5mm große Würfel schneiden. Reichlich Wasser mit Salz zum Kochen bringen. Die Kartoffelwürfel darin in 5 Min. bissfest kochen, durch ein Sieb abgießen und in kaltem Wasser abschrecken. Im Anschluss auf Küchenpapier trocknen.

4 Die Pekannusskerne grob hacken. Die Quitten aus dem Fond nehmen, Piment, Nelken entfernen. Die Quittenwürfel auf Küchenpapier trocken, dann mit den Kartoffelwürfeln und den Pekannüssen vermischen. Mit Salz, Pfeffer, Muskatnuss und etwas Chili kräftig abschmecken.

5 Den Backofen auf 180°C vorheizen. Die Quicheformen mit Butter auspinseln und mit Mehl bestäuben. Den Teig mit etwas Mehl ca. 2mm dick ausrollen. Kreise von ca. 12cm Durchmesser ausstechen oder ausschneiden. Die Formen mit dem Teig auslegen, den Rand leicht hochdrücken. Die Kartoffel-Quitten-Pekannuss-Mischung auf die Formen verteilen. Die

Sahne mit den Eigelben vermischen, mit Salz und Pfeffer abschmecken und gleichmäßig auf die Formen verteilen. Die Quiche im vorgeheizten Backofen in ca. 40 Min. goldbraun backen.

6 Zum Servieren den Salat waschen, trocknen und mit Olivenöl und Zitronensaft marinieren. Die fertigen Quiche aus den Formen heben und auf Teller geben. Den Mizunasalat darauf anrichten oder separat dazu servieren. Anstelle von vier kleinen Quiches kann auch eine große gebacken werden.

Schlumberger
seit 1842
MÉTHODE TRADITIONNELLE

Schlumberger

DIE ÄLTESTE SEKTKELLEREI ÖSTERREICHS

Sekt Cuvée Klimt
»Der Kuss«

Wien, Österreich

Eine Hommage an den österreichischen Wiener-Jugendstil Maler Gustav Klimt. Der Sekt aus Welschriesling, Weißburgunder und Chardonnay ist von großer Finesse und Eleganz. Ein hervorragender Apéritif, trocken, frisch und fruchtig.

Die Geschichte der ältesten Sektkellerei Österreichs beginnt mit Robert Alwin Schlumberger, einem Pionier im 19. Jahrhundert, der im Wein- und Schaumweinbereich die österreichischen Standards revolutionierte. Vormals jahrelang Kellermeister und Produktionsleiter in Frankreichs ältester Champagner-Kellerei »Ruinart Père et Fils« bringt er die Champagner-Methode nach Österreich und gründete dort im Jahre 1842 die erste und größte Sektkellerei des Landes. Begabt und anerkannt erobert er mit seinem »Sparkling Vöslauer« einen Platz auf der Weinkarte der englischen Königin im Rahmen der Londoner Weltausstellung im Jahre 1862. Aber auch in Wien avanciert Schlumberger zum Getränk des kaiserlichen Hofes und zum Lieblingsgenuss der Wiener Gesellschaft, was ihm den Titel »kaiserlicher und königlicher Hoflieferant« sowie 1878 die Erhebung in den Adelsstand einbrachte.

Damals wie heute ist die »Méthode Traditionelle« – das Prinzip der traditionellen Flaschengärung – das Erfolgsrezept von Schlumberger. Die Herstellung erfolgt ausschließlich aus österreichischen Weinen eines Jahrgangs. Am Ende eines mehrjährigen Reifeprozesses steht ein hochwertiges Produkt, das durch seinen geringen Histamin-Anteil besonders mild und bekömmlich ist.

Dinkelmehl-Ravioli

mit Radicchiofüllung, Petersilienwurzeln und Trüffelsauce

Für den Ravioliteig

125 g Dinkelmehl
2 Eigelbe
30 g Butter

Für die Petersilienwurzeln

600 g Petersilienwurzel
6 Schalotten
50 g Butter
1 Knoblauchzehe
1 kleiner Zweig Thymian
250 ml Gemüsefond
Zucker
5 Zweige Petersilie

Für die Füllung

300 g mehligkochende Kartoffeln
60 ml Milch
40 g Butter
Muskat
1½ Radicchio
2 EL Zucker
1 Schalotte
1 EL Aceto balsamico
125 ml Portwein
¼ Knoblauchzehe
1 kleiner Zweig Thymian

Für die Sauce

40 g Butter
50 g Schalotten
60 g Champignons
1 kleine Knoblauchzehe
1 kleiner Zweig Thymian
150 ml Weißwein

1 Für den Ravioliteig das Dinkelmehl und Eigelbe mit 2–3 EL Wasser und etwas Salz mit den Knethaken des Handrührgeräts zu einem glatten Teig vermengen. Den Teig zu einer Kugel formen, in Klarsichtfolie einschlagen und ca. 1 Std. kalt stellen.

2 Den Backofen auf 170 °C vorheizen. Die Petersilienwurzeln schälen und in etwas dickere Stifte scheiden. Die Schalotten der Länge nach halbieren. Die Butter in einer Pfanne erhitzen, das Gemüse sowie die Schalotten darin andünsten. Salzen, pfeffern und den Gemüsefond angießen. Den Knoblauch andrücken, Knoblauch und Thymian zum Gemüse geben. Den Topf mit Backpapier abdecken und für ca. 40–50 Min. in den Ofen geben. Dabei ab und zu umrühren.

3 Für die Füllung die Kartoffeln waschen und in ausreichend Wasser weichkochen. Die Milch mit der Butter erwärmen. Wenn die Kartoffeln weich sind, das Wasser abgießen, die Kartoffeln schälen und durch die Kartoffelpresse drücken. Mit dem heißen Butter-Milchgemisch übergießen und langsam glatt rühren. Das Kartoffelpüree warm stellen.

4 Den Radicchio vierteln, den weißen Strunk herausschneiden und die Blätter in dünne Streifen schneiden. Die Streifen für ca. 20 Min. in lauwarmes Wasser geben. Im Anschluss durch ein Sieb abgießen und komplett trocknen. Die Schalotte schälen und fein würfeln. Den Zucker in einem Topf karamellisieren, die Schalottenwürfel sowie die Radicchiostreifen dazugeben und das Ganze kurz andünsten. Die Knoblauchzehe andrücken und mit dem Thymian zum Radicchio

100 ml Noilly Prat
400 ml Gemüsefond
300 ml Sahne
40 g Trüffelbutter, weiss
1-2 TL Speisestärke
Zitronensaft
Cayennepfeffer

Außerdem

Salz
Pfeffer aus der Mühle
Ravioliausstecher
Backpapier

geben. Salzen und pfeffern. Den Portwein angießen und so lange einkochen lassen, bis der Portwein fast verkocht ist. Thymian und Knoblauch entfernen, den Essig dazu geben, abschmecken. Auskühlen lassen und mit dem Kartoffelpüree vermischen.

5 Das Eigelb verquirlen. Den Teig halbieren, eine Teighälfte auf der bemehlten Arbeitsfläche dünn ausrollen und mit Ei bestreichen. In ca. 5 cm Abstand je einen Löffel Füllung auf den Teig geben. Die andere Teighälfte ebenfalls dünn ausrollen und über die Füllung legen. Die Ravioli ausstechen.

6 In einem großen Topf reichlich Wasser zum Sieden bringen, salzen und die Ravioli darin in 3-5 Min. garziehen lassen (Achtung, das Wasser darf nicht sprudelnd kochen!). Die Ravioli herausnehmen und beiseite stellen. Ca. 50 ml vom Kochwasser mit der Butter aufkochen, die fertigen Ravioli darin glasieren.

7 Die Schalotten schälen und grob schneiden. Die Champignons putzen und ebenfalls grob schneiden. Die Knoblauchzehe schälen. Die Butter in einem Topf erwärmen und Schalotten und Pilze darin anschwitzen, Knoblauch und Thymian hinzugeben. Weißwein und Noilly Prat angießen und 3 Min. köcheln lassen. Den Gemüsefond hinzugeben und alles 15 Min. köcheln lassen. Die Sahne einrühren und ca. 5 Min. weiterköcheln lassen. Die Speisestärke mit 2 EL Wasser anrühren und mit einem Schneebesen unterrühren. Mit Zitronensaft, Zucker, Salz und Pfeffer abschmecken. Mit der Trüffelbutter aufmixen.

8 Die Petersilie waschen, trocken schütteln und hacken. Die Petersilienwurzeln aus dem Ofen nehmen, die gehackte Petersilie unterrühren und alles mit Salz und Pfeffer abschmecken. Das Gemüse auf vorgewärmte Teller verteilen, die Ravioli dazu anrichten und die aufgeschäumte Sauce darübergeben.

Weinempfehlung

Dinkelmehl-Ravioli

Bourgogne Chardonnay Laforêt

Joseph Drouhin

Burgund, Frankreich

Der Chardonnay von Drouhin ist ein toller und genussvoller Gegenpart zu den Ravioli mit Radicchiofüllung. Vollmundig, cremig, aber dennoch frisch und charmant. Mildert die herbe Note des Radicchio und unterstützt den Trüffelgeschmack der Sauce.

BLANC
14
627
428
45
9
Joseph Drouhin
BEAUNE
CLOS DES MOUCHES
2014

Joseph Drouhin

Joseph Drouhin

EIN WEINGUT MIT TRADITION UND GESCHICHTE

Die Geschichte dieses Weingutes beginnt 1880 mit der Übernahme eines Weinhandelshauses durch Joseph Drouhin in Beaune. Sein Sohn und Nachfolger Maurice Drouhin gründete schließlich das gleichnamige Weingut durch Ankauf einiger Rebflächen in herausragenden Appellationen wie Clos des Mouches und Clos de Vougeot.

Robert Drouhin, der Maurice nach dessen frühen Tod im Jahre 1957 folgte, erweiterte das Weingut zur heutigen Größe durch Zukauf weiterer Weinberge, insbesondere im Chablis, dessen zukünftiges Potential er schon früh erkannte. 2003 expandierte er sogar in die USA und gründete dort die Domaine Drouhin in Oregon. Robert Drouhin war auch einer der ersten in Burgund, der auf biologisch-dynamischen Anbau setze und ein önologisches Labor, unter der Leitung von Laurence Jobard, der ersten weiblichen Önologin in Burgund, aufbaute.

Heute wird das Weingut von den Kindern von Robert und Françoise Drouhin – Philippe, Véronique, Laurent und Frédéric – in 4. Generation geleitet.

Das Weingut Joseph Drouhin mit seiner langen Familientradition ist bekannt für seine jahrelange und hochwertige Weinproduktion und zählt heute zu den Bekanntesten im Burgund.

Rezeptverzeichnis

Artischocken im Brot-Salzteig mit Gremolata-Dip . . . 114
Couscousbällchen mit Wassermelone, Joghurt und Haselnuss-Minz-Vinaigrette . . . 89
Crostinis mit Apfel-Sellerie-Salat und Schafskäse . . . 104
Dinkelmehl-Ravioli mit Radicchiofüllung, Petersilienwurzeln und Trüffelsauce . . . 168
Feiner Flammkuchen mit knusprigem Parmesan und Löwenzahn . . . 48
Feine Tagliolini mit Trüffel und Parmesansauce . . . 144
Gazpacho mit feinen Gemüsewürfeln, Gartenkresse und Grissini . . . 61
Gebackene Steinpilze mit Ciprianisauce und Kräutern . . . 108
Gedämpfte Wan-Tan von Shiitake-Pilzen mit Daikon-Rettich und Nashi-Birne . . . 57
Gegrillte Tomaten mit Mozzarella, Noriblättern und Aprikosenespuma . . . 100
Gemüse-Millefeuille mit Schnittlauchfond und Rucolasalat . . . 77
Gnocchi-Eintopf mit Gemüse und Kartoffel . . . 128
Kohlrabi-Tortellini mit Macadamianüssen und Mandelmilch . . . 10
Kokos-Curry-Suppe mit gebackenem Spargel, Limette und Sesam . . . 31
Kräuterknödel mit Rahmschwammerl und Räuchertofu . . . 138
Kräuter-Spätzle-Topf mit Morcheln, Schalotten und Bergkäse . . . 25
Linseneintopf mit gebackenen Süßkartoffeltaschen . . . 158
Marinierte Auberginen mit gelber Paprika, Granatapfel und Minzjoghurt . . . 83
Marinierter Kopfsalat mit Caesar-Dressing und Pfifferlingen . . . 132
Quittenquiche mit Pekannüssen und mariniertem Mizunasalat . . . 162
Risotto Milanese mit Spinat und Wachteleiern . . . 65
Safran-Gemüse-Tempura mit dreierlei Dip . . . 122
Spargelcremesuppe mit Bärlauch-Grießnocken . . . 15
Spargel »Primavera« mit Olivenöl, Zitronensaft und Parmesankäse . . . 43
Spinat-Pomelo-Salat mit getrockneten Tomaten und Oliven . . . 95
Tomatensalat mit Burrata, Schalotten und geröstetem Brot . . . 71
Verrücktes Huhn mit sechs Füllungen . . . 19
Wiesenkräutersuppe mit Ziegenmilchschaum und Blüten-Frischkäse-Brot . . . 37
Wurzelgemüsestrudel mit Guacamole . . . 154
Zucchini-Kartoffel-Rösti mit Kichererbsencreme . . . 52

Unsere Lieferanten

Bertinelli: www.bertinelli.it

Bio Wiesenmilch: www.biowiesenmilch.at

Château d'Estoublon: www.estoublon.com

Gemüse von der Reichenau: www.reichenaugemuese.de

Joseph Drouhin: www.drouhin.com

La Bilancia: www.labilancia.de

Louis Roederer: www.louis-roederer.com

Marcus Lind: www.gewuerzexperte.wordpress.com

Miasa Safran: www.miasa.world

Ornellaia: www.ornellaia.com

Sherry Emilio Lustau: www.lustau.es/en/

Spezialitäten vom Wolfgangsee – Seegut Eisl: www.seegut-eisl.at

Schlumberger: www.schlumberger.at

Und unter shop.feinkost-kaefer.de.

Impressum

Herausgeber: Feinkost Käfer GmbH
Rezepte: Thomas Kahl, Restaurant Käfer-Schänke
Projektleitung: Véronique Grübl, Melanie Haizmann
Fotos: Mathias Neubauer
Foodstyling: Andreas Neubauer
Design & Layout: Martina Baldauf, Björn Fremgen
Herstellung: Nele Jansen
Bildbearbeitung und Proofing: Robert Kuhlendahl, Jens Grundei
Zeichnung Trauben: moonshine/123rf.com

Published by teNeues Publishing Group

teNeues Media GmbH & Co. KG
Am Selder 37, 47906 Kempen, Germany
Phone: +49-(0)2152-916-0
Fax: +49-(0)2152-916-111
e-mail: books@teneues.com

Press department: Andrea Rehn
Phone: +49-(0)2152-916-202
e-mail: arehn@teneues.com

teNeues Publishing Company
7 West 18th Street, New York, NY 10011, USA
Phone: +1-212-627-9090
Fax: +1-212-627-9511

teNeues Publishing UK Ltd.
12 Ferndene Road, London SE24 0AQ, UK
Phone: +44-(0)20-3542-8997

teNeues France S.A.R.L.
39, rue des Billets, 18250 Henrichemont, France
Phone: +33-(0)2-4826-9348
Fax: +33-(0)1-7072-3482

www.teneues.com

ISBN: 978-3-8327-3340-7

Gedruckt in Spanien von Estellaprint

FSC www.fsc.org MIX Papier aus verantwortungsvollen Quellen FSC® C009279

Bibliografische Information der Deutschen Nationalbibliothek
Die Deutsche Nationalbibliothek verzeichnet diese Publikation in der Deutschen Nationalbibliografie; detaillierte bibliografische Daten sind im Internet über http://dnb.dnb.de abrufbar.

Käfer

teNeues